高等职业教育电子商务类专业系列教材

直播电商运营

主　编　张　勇　彭文艳　王成志
副主编　王　刚　孙　珂　洪　敏
　　　　马　宁　赵艳国
参　编　卞　克　杨　雁　陶建强
　　　　张　娇　叶丽丽　陆晓翠
　　　　翟孟月　王玲玲　朱世梅

机械工业出版社
CHINA MACHINE PRESS

本书紧紧围绕职业教育高素质技术技能人才培养目标，以企业直播运营活动为主线，突出直播运营岗位职业能力与职业素质的培养，贯彻教、学、做一体化和岗课赛证融通的教学理念，侧重培养学生运用所学理论知识分析、解决实际问题的能力。

本书共分为七个模块：模块一阐述了直播电商的理论基础知识；模块二至模块四是直播运营的前期准备部分，包括直播定位与团队组建、直播间的"搭"与"建"、直播选品及供应链管理；模块五至模块七是直播运营的技能实操部分，包括直播活动策划与执行、直播间推广及用户运营、直播数据分析及复盘诊断。

本书内容深入浅出，注重实操技能的培养与提升，每个模块都附有素养提升课堂、赛证融通等环节，便于学生加强对岗位技能的理解和练习，使素养元素浸润入课堂教学中，实现课证融通、课赛融通。本书还配有电子课件、教案、任务工单、参考答案和二维码教学视频等相关教学资源，有助于学生自学，也方便教师授课。

本书可作为职业院校电子商务类、市场营销类专业的通用教材，也可作为企业在职人员培训直播运营的参考用书。

本书配有电子课件等教师用配套教学资源，凡使用本书的教师均可登录机械工业出版社教育服务网 www.cmpedu.com 下载。咨询可致电：010-88379375，服务 QQ：945379158。

图书在版编目（CIP）数据

直播电商运营 / 张勇，彭文艳，王成志主编. —北京：机械工业出版社，2023.12（2025.1 重印）
高等职业教育电子商务类专业系列教材
ISBN 978-7-111-75014-7

Ⅰ. ①直⋯ Ⅱ. ①张⋯ ②彭⋯ ③王⋯ Ⅲ. ①网络营销－高等职业教育－教材
Ⅳ. ① F713.365.2

中国国家版本馆 CIP 数据核字（2024）第 019907 号

机械工业出版社（北京市百万庄大街 22 号　邮政编码 100037）
策划编辑：乔　晨　胡延斌　　责任编辑：乔　晨　张美杰
责任校对：孙明慧　陈　越　　封面设计：王　旭
责任印制：刘　媛
北京中科印刷有限公司印刷
2025 年 1 月第 1 版第 3 次印刷
184mm×260mm・15.5 印张・288 千字
标准书号：ISBN 978-7-111-75014-7
定价：54.00 元

电话服务　　　　　　　　　网络服务
客服电话：010-88361066　　机　工　官　网：www.cmpbook.com
　　　　　010-88379833　　机　工　官　博：weibo.com/cmp1952
　　　　　010-68326294　　金　书　网：www.golden-book.com
封底无防伪标均为盗版　　　机工教育服务网：www.cmpedu.com

前言

作为新兴业态,直播电商迎来了"万物可播,人人可播,处处可播"的大发展。直播电商已经进入"万亿时代"。直播俨然成为电子商务平台、品牌、商家的标配。直播的人群也在快速扩大,从最初的达人直播,到明星、企业家直播,再到普通商家直播、农户直播,可谓参与者众多。直播成为电商的营销新标配,5G等新基建设施使直播电商场景更加多元化和泛在化,直播电商也会向垂直化、专业化方向发展,对直播运营人才的需求也在迅猛增加。

本书紧紧围绕职业教育高素质技术技能人才培养目标,以企业直播运营活动为主线,突出直播运营岗位职业能力与职业素质的培养,贯彻教、学、做一体化和岗课赛证融通的教学理念,系统地阐述了直播电商运营的基本理论、内容、方法和技能。全书共分七个模块,具有如下特点。

(1)将党的二十大精神有机融入。习近平总书记指出:"高校立身之本在于立德树人。"为贯彻落实党的二十大报告中提出的"深入实施科教兴国战略、人才强国战略、创新驱动发展战略,开辟发展新领域新赛道,不断塑造发展新动能新优势"这一战略部署及赋予教育的新使命、新任务,加快推进教育高质量发展,本书编者认真研读党的二十大报告、党章及相关重要讲话精神,坚持育人的根本在于立德,加强整体设计和系统梳理,使素养元素春风化雨、润物无声于书中,并增设了"德技并修""素养提升课堂"板块,以充分发挥本书的铸魂育人功能,为培养德智体美劳全面发展的社会主义建设者和接班人奠定坚实基础。

(2)内容选取紧随时代、力争完整科学,体现"岗课赛证融通"的理念。本书内容紧抓直播行业发展的脉络,将直播电商运营的新方法、新技术、新规范融入其中。本书内容涵盖直播电商运营的各个环节,首先阐述了直播电商的理论基础知识;然后介绍了直播运营的前期准备部分,包括直播定位与团队组建、直播间的"搭"与"建"、直播选品及供应链管理;最后重点介绍了直播运营的技能实操部分,包括直播活动策划与执行、直播间推广及用户运营、直播数据分析及复盘诊断等。同时,为体现"岗课赛证融通"的教学理念,本书将职业技能等级证书考核的内容和技能大赛的知识点有机融入,设计了"赛证融通"板块。

(3)编写体例科学合理,推行"教学做一体化",助力学生技能提升。本书每个模块开篇都设置了学习目标及情境引入,以引导学生带着任务和情境进入具体内容的学习,为学习指引方向。内容上以"任务+活动"为主线，加入大量精炼贴切的案例，辅以"德技并修""力学笃行""直通职场"和"素养提升课堂"等板块，直观形象地对相关理论和技能加以说明，便于学生的理解。为突出"教学做一体化"的教学理念，对照各模块的重点技能目标，按照"接受工作任务—搜集能力清单—计划与实施—成果汇报—评价与反馈"的工作任务流程，创新性设计了"任务工单"，并单独成册，以有效推动学生的技能训练，提升学生分析、解决实际问题的能力。

（4）教学资源优质丰富。本书配有电子课件、教案、参考答案和二维码教学视频等相关教学资源，内容全面优质，讲解清晰，方便教师教学使用，提升教学效率与效果。凡选用本书作为教材的教师均可登录机械工业出版社教育服务网 http://www.cmpedu.com 下载。咨询电话：010-88379375；服务QQ：945379158。

本书由日照职业技术学院骨干教师张勇、彭文艳、孙珂、张娇、朱世梅和德州职业技术学院骨干教师王成志、王刚、洪敏、马宁、赵艳国、卞克、杨雁、陶建强、叶丽丽、陆晓翠、翟孟月、王玲玲以及部分行业企业专家共同编写，由张勇、彭文艳、王成志担任主编，王刚、孙珂、洪敏、马宁、赵艳国担任副主编。具体分工如下：模块一、模块二、模块三由王成志、王刚、张娇、卞克编写；模块四、模块五由彭文艳、张勇、杨雁、陶建强、叶丽丽、陆晓翠编写；模块六、模块七由马宁、赵艳国、孙珂、洪敏、朱世梅、翟孟月、王玲玲编写；张勇负责全书的总纂、修改定稿。

在编写过程中，我们借鉴和参考了相关著作，在此谨向相关作者一并表示衷心的感谢；本书的出版也得到了机械工业出版社的大力支持和帮助，在此致以诚挚的谢意。虽然本书各编者通力合作，力求做到精益求精，但由于编者水平有限，书中难免存在纰漏或不妥之处，恳请专家、同行及读者批评指正，使之日臻完善。

编　者

二维码索引

序号	名称	二维码	页码	序号	名称	二维码	页码
1	模块一　走进直播电商		001	10	直播开场话术技巧		103
2	模块二　直播定位与团队组建		023	11	直播间引导关注话术技巧		103
3	模块三　直播间的"搭"与"建"		041	12	直播互动话术技巧		104
4	直播间场景灯光优化技巧		050	13	直播间用户留观话术技巧		104
5	模块四　直播选品及供应链管理		071	14	直播间转化下单话术技巧		105
6	直播选品技巧		075	15	直播间下播话术技巧		105
7	直播间组品逻辑		082	16	设置封面发布直播预告操作流程		106
8	模块五　直播活动策划与执行		091	17	短视频发布直播预告操作流程		108
9	直播话术设计技巧		101	18	直播间商品讲解技巧		109

（续）

序号	名称	二维码	页码	序号	名称	二维码	页码
19	解读抖音电商平台六类直播禁忌词		112	24	直播带货如何上架商品		116
20	美妆类商品直播讲解技巧		112	25	直播带货如何下架商品		117
21	服装类商品直播讲解技巧		112	26	模块六　直播间推广及用户运营		129
22	美食类商品直播讲解技巧		113	27	模块七　直播数据分析及复盘诊断		157
23	3C类商品直播讲解技巧		114				

目 录
Contents

前言
二维码索引

模块一 走进直播电商

任务一 认识直播电商 // 002
  活动一 认识直播电商发展概况 // 002
  活动二 认识直播电商常见形式及
        优势 // 005
  活动三 直播电商模式与传统电商
        模式对比 // 006
任务二 认识直播电商平台 // 008
  活动一 认识抖音平台 // 008
  活动二 认识快手平台 // 009
  活动三 认识淘宝平台 // 011
  活动四 认识小红书平台 // 012

任务三 认识直播电商运营 // 014
  活动一 认识直播电商模式 // 014
  活动二 认识直播平台流量来源 // 015
  活动三 认识直播电商违规行为及
        行为规范 // 017
模块总结 // 020
素养提升课堂
  人无诚信不立、业无诚信不兴　做
  遵纪守法的直播人 // 020
赛证融通 // 021

模块二 直播定位与团队组建

任务一 直播间定位与 IP 打造 // 024
  活动一 认识直播间定位 // 024
  活动二 认识主播人设定位的作用 // 025
  活动三 认识个人与企业 IP 打造 // 026
任务二 直播团队组建及人员配置 // 027
  活动一 了解直播团队的岗位职责 // 028
  活动二 了解直播团队的人员配置及
        风险评估 // 029
任务三 主播角色认知及素养培养 // 032
  活动一 主播角色认知 // 032

  活动二 带货主播职业素养培养 // 034
  活动三 带货主播的培养方式与职业
        发展认知 // 037
模块总结 // 038
素养提升课堂
  专注推广阅读，塑造主流舆论价值观——
  一个带货主播的社会担当 // 039
赛证融通 // 039

模块三 直播间的"搭"与"建"

任务一 直播间规划与设计 // 042
  活动一 了解常见的直播间类型 // 042
  活动二 直播间场景规划与设计 // 044
任务二 直播场景搭建 // 047
  活动一 直播硬件设备选择 // 048
  活动二 直播间背景布置与物料摆
        放 // 051
  活动三 直播间灯光使用 // 055

任务三 熟悉直播操作流程 // 058
  活动一 App 直播操作流程 // 058
  活动二 PC 端直播操作流程 // 060
  活动三 主播镜头感培养 // 066
模块总结 // 067
素养提升课堂
  数字经济与实体经济深度融合——五菱
  汽车线上直播的启示 // 068
赛证融通 // 068

模块四　直播选品及供应链管理

　　任务一　直播选品 // 072
　　　　活动一　直播选品逻辑梳理 // 072
　　　　活动二　直播选品路径选择 // 077
　　　　活动三　直播电商组品方法归纳 // 080
　　任务二　直播商品供应链管理 // 083
　　　　活动一　认知供应链重要作用 // 084
　　　　活动二　探究供应链经营模式 // 085
　　模块总结 // 088
　　素养提升课堂
　　　　胸怀天下，守正创新，"人民邮政为人民" // 088
　　赛证融通 // 089

模块五　直播活动策划与执行

　　任务一　直播活动策划 // 092
　　　　活动一　直播主题与标题策划 // 092
　　　　活动二　直播排期管理 // 095
　　　　活动三　直播脚本设计 // 096
　　　　活动四　直播话术准备 // 100
　　任务二　直播活动执行 // 106
　　　　活动一　直播预告发布 // 106
　　　　活动二　直播商品展示与讲解 // 109
　　　　活动三　直播商品上下架管理 // 116
　　　　活动四　直播互动及转化 // 118
　　　　活动五　直播控场及异常应对 // 122
　　模块总结 // 126
　　素养提升课堂
　　　　中华传统玉器直播间"出圈"，激发非遗文化传承新活力 // 126
　　赛证融通 // 127

模块六　直播间推广及用户运营

　　任务一　直播间推广 // 130
　　　　活动一　认识直播间流量类型 // 130
　　　　活动二　认识直播间引流方式 // 132
　　　　活动三　认识付费推广直播间 // 136
　　任务二　直播间用户运营 // 145
　　　　活动一　洞察用户数据 // 146
　　　　活动二　精准用户运营 // 151
　　模块总结 // 153
　　素养提升课堂
　　　　非遗传承："老民艺"在直播间玩出新花样 // 154
　　赛证融通 // 154

模块七　直播数据分析及复盘诊断

　　任务一　直播数据采集与分析 // 158
　　　　活动一　采集直播数据 // 158
　　　　活动二　分析直播数据 // 167
　　任务二　直播复盘诊断 // 171
　　　　活动一　认识直播复盘的重要性 // 171
　　　　活动二　掌握直播复盘诊断的步骤 // 172
　　模块总结 // 175
　　素养提升课堂
　　　　数据赋能，从水土不服到游刃有余 // 175
　　赛证融通 // 176

参考文献

附　任务工单

　　任务工单一　认识直播电商
　　任务工单二　认知主播岗位
　　任务工单三　服装类目直播间搭建
　　任务工单四　农产品直播间搭建
　　任务工单五　直播间选品与组品
　　任务工单六　直播脚本设计
　　任务工单七　直播商品讲解
　　任务工单八　直播互动活动设计
　　任务工单九　直播引流
　　任务工单十　直播二次传播
　　任务工单十一　直播数据分析及复盘
　　任务工单十二　年货产品直播带货
　　任务工单十三　数码产品直播带货

模块一　走进直播电商

学习目标

知识目标

1. 熟悉直播电商的现状及发展趋势；
2. 了解直播电商常见形式及优势；
3. 掌握常见的直播电商平台类型及其特点；
4. 熟悉直播电商的主要运营模式。

技能目标

1. 能够结合企业自身条件和资源选择直播电商平台；
2. 能够选择并确定适合企业发展目标的直播带货模式。

素养目标

1. 培养法治意识，树立正确的价值观；
2. 培养直播营销人员精益求精的工匠精神，弘扬艰苦奋斗的优良传统；
3. 培养具有数字意识、计算思维的数字公民，提升数字素养与技能。

模块一　走进直播电商

> **情境引入**
>
> ××市艾特佳电子商务有限公司（简称"艾特佳电商公司"）是一家在淘宝、京东等电商平台从事产品网络销售的公司，现在有意组建自己的直播电商运营团队，通过直播带货的方式拓宽公司产品的销售渠道。公司总监小冉对直播电商的认识比较粗浅，对选择入驻哪个直播平台也一直犹豫不决。我们现在就和总监小冉一起，了解直播电商现状及发展趋势，共同走进直播电商。

任务一　认识直播电商

任务描述

以史为镜，可以知兴替；以人为镜，可以明得失。

在正式开展直播销售之前，要对直播电商的特点有全面的认识，所以艾特佳电商公司总监小冉需要准确把握直播电商的发展趋势，了解直播电商与传统电商的区别，这样才能结合企业自身条件和资源选择直播电商平台，确定适合企业发展目标的直播带货模式，为企业制定长远的发展规划，并在经营过程中少走弯路，避免踩坑。

任务实施

活动一　认识直播电商发展概况

在数字经济与实体经济融合发展的时代背景下，随着移动通信、物联网、云计算、大数据、人工智能等技术的不断进步，新零售、移动支付、网红经济等新业态、新模式不断出现，短视频、直播等新的数字化营销媒介彻底改变了传统的营销模式，将处于高速发展的中国电商行业带到了一个新的历史转折时期。

面对这一挑战，我们应树立科学的网络营销观念，运用电子商务的新方法分析消费者需求，借助数字技术提升信息传递的效率和效果，提升企业竞争优势。同时，还要通过不断地学习和实践，形成可持续发展所需要的自主学习创新能力，提升商务素养和专业技能。

1. 直播电商现状

直播电商，顾名思义就是在互联网上通过现场直播的方式宣传并售卖商品，是一种消费场景的转换，把线下或者电商平台的店铺转换到直播间。这种经营活动通过主播来引导流量，以电商为基础，起到销售商品或营销推广的作用。

在技术进步和供需关系改变的助推下，我国直播电商行业得以快速发展，重塑了电商竞争格局。自 2016 年，快手、蘑菇街、淘宝等平台陆续上线直播功能，直播电商产业链开始搭建；2017—2018 年，直播电商迎来快速发展期，各平台的商业化营销工具和各个功能逐步完善，商业框架体系趋于完备；2019—2020 年，直播电商平台百花齐放，加速构建闭环式路径，平台电商运营趋向精细化发展；2021 年至今，直播电商迎来爆发式增长，进入全民直播的时代。

如今，得益于直播电商更加丰富、立体的商品展现形式，更加即时的互动效果，消费者养成的直播间购物习惯被保留了下来。直播电商市场规模也保持着两位数的高速增长，2023 年上半年直播电商用户规模约达 5.2 亿，企业规模增长近三成。2017—2023 年上半年中国直播电商市场规模及增长率如图 1-1 所示。

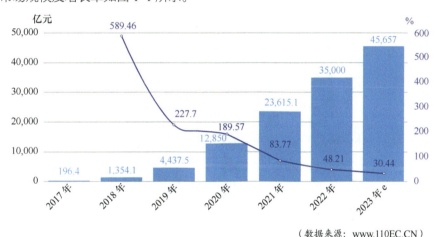

（数据来源：www.110EC.CN）

图 1-1　2017—2023 年上半年中国直播电商市场规模及增长率

2. 直播电商发展趋势

经过多年的发展，中国直播电商进入"万亿时代"。在万物可播、人人可播、随时可播、随地可播的时代，直播已经成为电子商务平台、品牌、商家的标配。由于直播电商在引流效率和成交效率上遥遥领先，让更多的商家纷纷入场直播销售产品。直播电商发展至今，主要趋势体现在以下三个方面。

（1）主播去头部化。品牌自播稳定增长，达人播销售动态波动。在达人主播的分布上，直播电商整体呈现出去头部化的趋势。随着行业走向精细化运作，平台和品牌方更加意识到中腰部对于整个直播生态的重要程度。对此，平台出台了对中长尾达人的扶持政策，让更多中腰部主播迎来红利期。

（2）内容专业化。直播内容专业化越发受到青睐，随着直播生态的不断完善，直播电商在内容制作上将会变得越发专业。只有提供专业化、精细化的内容，商家才能够快速抢占市场。

双语直播带货成为新热点。在某直播间中，主播用"双语带货"模式迅速破圈，一边卖货，一边聊人生、聊际遇、聊诗词、聊理想，用英语谈莎士比亚的《十四行诗》，边教英语边卖货，瞬间圈粉无数。

（3）技术数字化。数字经济时代，各种新技术逐步应用到直播电商当中，5G技术推动媒体改造直播流程，VR/AR全景直播提升了用户收视体验，人工智能技术支持的网络直播业态的数字人产品崭露头角。

数字人直播无需真人主播，可节省成本，一台电脑即可随时开播。不受时间和地点的限制，可以在任何时候进行直播。数字人可以根据不同的场景切换形象和风格，增加观众的好奇心和兴趣。数字人直播如图1-2所示。

图1-2　数字人直播

德技并修

"5G+区块链"VR全景直播带货

在温州瑞安侨贸小镇电商中心，来自移动5G融媒体+应用实验室的工作人员，通过全景温州城市新名片平台，开启了国内首次5G+区块链VR全景直播带货。

消费者们除了在720度超高清全景直播画面中实现不同角度任意观看外，还可以点击全景直

模块一　走进直播电商

播画面上的5G交易按钮直接进入相关货品的交易页面,迅速下单完成交易。这种新的视觉体验可以帮助消费者直观、快速地做出预订决策。直播开始不到1分钟,第一单货品正式成交。本场直播共有30万人参与观看,成交量近3 500单。网友表示,这种身临其境的互动体验不仅激发了消费者的兴趣,也加深了对企业的印象和信任。

另外,此次带货的产品都有一张特殊的"身份证"——一张区块链认证标志码。通过中国移动5G区块链技术打造的名品保真平台对货品在源头植入"名品码",所有产品配备的这个"名品码",利用5G区块链技术防篡改、可追溯的优势,将商品的生产、质检、物流、销售数据都记录在链上,保证商品信息数据的可信度,消费者只要扫一扫"名品码",便能鉴定产品真伪,查询产品详细信息。

通过开发5G+VR区块链全景动态跳转技术,成功将VR视频全景与交易平台实现链接,将原有的5G+VR区块链全景视频技术上升到了应用维度。在直播带货风行的当下,该项技术在中国移动5G网络的加持下,将会开拓一片全新的市场。

活动二　认识直播电商常见形式及优势

1. 直播电商的常见形式

(1)商品分享式直播。商品分享式直播是指主播在直播间直接向用户分享和推荐商品的直播方式,用户可以选择直接购买或者不购买。同时,为了满足用户的需求,主播可通过查看直播间评论区用户的留言,按照用户的需求进行相关商品的推荐及讲解。

(2)访谈式直播。访谈式直播是指主播与嘉宾围绕某个主题进行互动交谈的直播方式。交谈的主题一般会围绕营销主题或营销商品展开,在嘉宾的选择上通常会选择知名人物或行业领军人物。

(3)其他类型直播。其他类型直播包括才艺表演式直播、展现日常式直播等。才艺表演式直播的直播内容以才艺展示为主;展现日常式直播的直播内容以日常生活为主,内容广泛且丰富。

2. 直播电商的优势

(1)真实可靠,优化体验。在直播过程中,消费者看到的视频基本未经修饰,产品的真实性、可信度较高,能帮助消费者更好地了解产品或服务。相较于传统的平面、媒体广告和图片展示,直播的展示效果更好。再加上直播能实时提供更优质的消费者体验,在一定程度上培养了客户忠诚度,提高了用户黏性,能给商家带来长期的正向效益。

（2）实时互动，创造价值。对于传统电商用户而言，从互联网得到的信息不足以推动购买决策，用户往往会有实物与描述不符的顾虑。电商直播的出现打通了场景互动和售卖行为，为用户提供了边看边买的良好体验，形成了真正打通人、货、场的重要模式。通过场景化直播，用户可以更全面地了解产品。

（3）突破传统，高转化率。转化率是电商从业人员最关注的数据之一，利用互联网及流媒体技术进行直播，视频因融合了图像、文字、声音等丰富的元素，声情并茂，效果极佳，逐渐成为互联网的主流表达方式，进而提升电商转化率。电商直播一边是商家强烈的卖货诉求，另一边则是消费者的购买需求，两者在供需中形成强互补，直播补充了原先在电脑端、无线端的文字、图片以外的营销活动通路，通过供需匹配的方式，更快地提升导购和购买效率。

德技并修

跨境直播助力"一带一路"高质量发展

中欧班列连云港（赣榆）跨境电商直播基地坐落于九里海产品电商创业园内。创业园集办公、培训、孵化、展示、直播间于一体，引进优质电商团队加入运营，培养直播人才，为电商新手提供"帮带"服务和货源，做好后勤服务。

园区运用中欧班列"前展后仓"新模式，通过中欧班列引入"一带一路"沿线高质量源头货品和江苏优势出口商品，以境内外原产地直播为特色，推动进出口商品通过抖音、快手等国内外平台以电商直播性质销售，促进江苏中欧班列＋跨境电商＋海外仓有机融合，不断提升连云港在电商直播、垂直电商以及其他电商模式和配套服务方面的优化升级。

党的二十大报告提出："推动共建'一带一路'高质量发展。"园区正抢占跨境直播新赛道，带动优质国货"出海"，助力提升"一带一路"建设水平。

活动三　直播电商模式与传统电商模式对比

直播为传统电商赋予了新的发展动能，淘宝网、京东商城、拼多多等电商平台纷纷增加直播模块，探索电商内容化，通过直播为电商平台导流；抖音、快手等短视频平台增加电商模块，探索内容电商化，通过直播实现流量变现。

直播电商模式兼具销售与营销的功能，主播作为导购在直播中销售商品的同时，也具有品牌营销、内容"种草"（"种草"是指一个人把某种事物分享、推荐给另一个人，让另一个人喜欢这种事物的行为）的功能，主播能为用户讲解商品功能、介绍品牌价值，从而让用户加深对品牌的了解，并将普通用户转化为品牌的忠实用户。

与传统电商模式相比,直播电商模式在多个维度上都具有显著的优势。传统电商模式与直播电商模式的对比见表 1-1。

表 1-1 传统电商模式与直播电商模式的对比

对比内容	传统电商模式	直播电商模式
商品与用户的关系	人找货	货找人
消费路径	用户—商品	用户—主播—商品
用户消费方式	用户主动搜索商品为主	主播向用户推荐商品为主
用户消费需求	刚性需求为主	用户可能对商品存在刚性需求,但在用户对商品不存在刚性需求的情况下,通过主播、商品、消费场景打造内容营销,能够激发用户潜在的消费需求
用户消费心理	对商品有刚性需求,消费是为了满足物质需求	有些用户是因为对商品存在需求,购买它是为了满足物质需求;而有些用户对某些商品并不存在需求却仍然购买,是为了满足自己的好奇心
影响用户做出消费决策的因素	商品的价格、质量、品牌等	商品的价格、质量、品牌;主播营销话术的刺激
商品呈现形式	依靠图片、文字、短视频等形式全方位地展示商品,但图片、文字和短视频往往是经过后期处理的,其中的商品展示与实物可能存在一定的差距	通过实时视频全方位地展示商品,让用户直观地了解商品的外观;通过主播的讲解,让用户详细地了解商品的性能
社交属性	社交属性弱,商家主要通过商品详情页向用户展示商品信息,用户被动地接收这些信息。此外,用户通常只能通过商品评论或客服两个渠道了解商品信息,交流的形式比较单一,信息反馈也不够及时	社交属性强,主播和用户可以进行双向互动,主播向用户全方位地讲解商品,用户也可以实时向主播提出问题,主播当场为其解答;用户与用户之间也可以进行在线交流,信息反馈及时
用户购物体验感	用户根据自己的主观判断,自主选择商品	用户可以通过在评论区留言、参与直播间抢红包等方式参与到直播中,在购物过程中互动感强
交易花费的时间成本	由于商家和用户的信息不对称,用户在购买商品之前需要花费较多的时间去搜集商品信息,并对信息进行评判,然后才能做出购买决策,在交易过程中用户花费的时间成本较高	主播具备较强的选品能力,进入直播间的商品都是经过主播严格筛选的,用户花费较少的时间去从多个品牌中筛选适合自己的商品。此外,主播在开播之前会对商品进行全面的了解,从而能够为用户详细地介绍商品功能和优势。因此,主播专业的选品能力和商品讲解能力能够帮助用户降低购物决策所花费的时间成本

德技并修

直播助农：乡村振兴的新动力

党的二十大报告指出，要全面推进乡村振兴，坚持农业农村优先发展，坚持城乡融合发展，畅通城乡要素流动。随着互联网技术的快速发展，直播助农已成为推动乡村振兴的新动力。一根网线连通城乡，通过直播销售农产品，让分散的小农户对接大市场，实现产销无缝对接的"新电商"，成为"畅通城乡要素流动"的重要方式。

通过直播带货、直播销售等方式，农产品得到了更好的销售渠道，农民也获得了更大的利润。同时，直播助农也为农村地区的发展带来了诸多好处，对于解决"三农"问题具有重要意义。未来随着政策支持、市场需求和技术创新的进一步发展，我们有理由相信直播助农将在乡村振兴中发挥更大的作用，为农业产业升级和农村经济发展注入更强的动力。

任务二　认识直播电商平台

任务描述

理论是实践的基础，方向是行动的指南。

如今的直播电商平台有很多，不能单纯以流量大小作为选择依据，而是要结合自身实际，选择匹配自身条件和资源的平台。艾特佳电商公司总监小冉需要了解直播平台的类型及特点，结合自己销售的产品，选择最合适自己产品的直播平台，为企业直播发展确立方向。

任务实施

活动一　认识抖音平台

1. 平台简介

抖音，于2016年9月20日上线，是一个面向全年龄的短视频社区平台。但抖音上线初期的目标用户主要是年轻人，有趣的短视频内容吸引众多用户入驻，并且持续增长。

抖音支持各个行业的优质内容供给者（政府、媒体、群媒体、个人、企业/机构/其他组织均可免费申请入驻）为抖音提供内容。当然，各个行业也可以通过抖音媒体的影响力，提升自己在行业内的知名度。

2. 平台用户结构

根据巨量算数发布的《2023年抖音用户画像报告》，抖音平台用户整体男女占比比较均衡，男性占比最高，女性偏好度（TGI指数）最高，31～40岁年龄段占比最高，18～23岁年龄段偏好度（TGI指数）最高。在地域分布上，三线、四线城市用户占比较高。抖音用户在广东省占比最高，安徽省偏好度（TGI指数）最高。在用户兴趣上，时尚兴趣的人群占比最高，其他兴趣的人群偏好度（TGI指数）最高。

3. 平台特点

（1）易操作，体验好。抖音短视频的时长一般很短，拍摄门槛不高，每个人都可以在抖音进行或简单或复杂的创作。用户可在作品右边评论、分享、收藏、点赞等，利用关系链传播获取更多流量。抖音中已经有美食、旅行、泛生活、汽车科技、游戏、二次元、娱乐、明星、体育、文化教育、校园、政务、时尚、才艺、财经、随拍、动植物、剧情、亲子、三农、公益等多种内容形式，用户可以随时随地通过手机观看。

（2）活跃度高。抖音平台上的创作者与粉丝之间会保持回复、评论、点赞等非常高的互动，这也是抖音的魅力所在。

（3）个性化推送。抖音通过收集、整理和分析用户的数据信息，通过智能算法设置关联性，能够推送用户感兴趣的内容，实现个性化推送，还可以帮助广告主精准找到用户。

（4）参与性强。抖音会定期推出视频标签，引领用户参与到同一主题视频的创作中。这些视频标签激发了用户的创作灵感，创作出来的内容由于具有很高的参与感和娱乐性，所以被其他用户分享的概率也大幅提升。

（5）自我展示性强。抖音发展迅猛的一个很重要的原因是满足了用户进行自我展示的需求。用户可以随时随地使用抖音分享自己的经历，并且得到他人的回应，产生互动。

活动二　认识快手平台

1. 平台简介

快手是北京快手科技有限公司于2012年11月推出的一个用于记录和分享生产、生活的短视频平台。用户可记录和分享生活点滴，增进人与人之间的联系和了解。通过与内容创作者和企业紧密合作，快手提供的产品和服务可满足用户自然产生的各种需求，包括娱乐、线上营销服务、电商、网络游戏、在线知识共享等。

2. 平台用户结构

从用户上看，快手用户主要以年轻人为主，其中 90 后和 00 后是主力军，占比约 70%。这些年轻人对新事物和新趋势更加敏感，喜欢通过短视频来记录生活、表达自我、分享心情。

在地域分布上，快手用户主要分布在一线城市和新一线城市，如武汉、上海、广州、深圳、成都等，其中北上广深占比最高。

在性别分布上，快手用户中女性用户比男性用户占比高，这可能与快手的内容定位和风格有关。女性用户更注重生活品质和娱乐体验，她们更喜欢通过短视频来展示自己的生活和个性。

3. 平台特点

（1）商业化潜力大。随着拼多多、趣头条的上市，以三、四、五线城市为代表的新兴市场的潜力引起了诸多关注，在新兴市场寻求突破已成为当前移动互联网领域的趋势，而快手在这些新兴市场拥有较高的渗透率，商业化潜力很大。

（2）重视用户使用体验。重视用户使用体验是快手始终坚持的理念。在商业化方面，为了防止过度打扰用户，快手利用商业化机制精确衡量商业化与用户体验及平台价值的关系，商业内容的点击率、播放时长、点赞、关注、评论、转化率等正面指标越好，就越能赢得更多的流量支持，自然投资回报率就越高。

（3）强调真实、普惠。快手强调真实、普惠，以人为核心，重视用户关系，强调"拥抱每一种生活"，分发算法更均衡，中腰部和长尾用户也有被看到的机会；同时鼓励用户之间互动社交，形成了以私域流量为核心的平台。

（4）垂直类内容成重点。作为一个拥有超大流量的内容聚合平台，快手的内容不仅范围广，也更细分，特别是垂直类领域的精细化运营在不断加强。快手重点发力美食、体育、政务、媒体、二次元、时尚、音乐、汽车、搞笑、宠物等垂直类内容，其"普惠流量"的特点为细分赛道的发展提供了良好土壤。

（5）变现能力强。庞大的用户量和粉丝的信任为快手的"达人"变现提供了多种可能性，如直播、电商"带货"、知识付费、广告等。快手为"达人"们提供了多种变现手段，哪怕是腰部和尾部主播，也能获得普惠流量和资源。

活动三 认识淘宝平台

1. 平台简介

淘宝直播是阿里巴巴推出的直播平台，定位于消费类直播，用户可以一边看直播，一边与主播互动交流，领取优惠券，并选购商品等。用户最终做出购买决定的原因可能是直播场景中的某个瞬间激发了他对商品的好感和购买的欲望，如名人推荐、强有力的折扣力度、良好的购物氛围等。

淘宝直播是一个专注于生活消费、为消费者提供专业购物指引的电商直播平台，主播可以通过直播间与用户进行深度互动，沉淀粉丝。平台定位为消费类直播，直播内容涵盖了母婴、美妆、潮搭、美食、运动等，平台上的主导消费者为女性，通过线上的"边看边买"功能，让消费者能够在不退出直播的情况下就可以直接下单购买主播推荐的商品。

2. 平台用户结构

淘宝的用户群体中女性用户略多于男性用户。淘宝女性用户占比达到了60%以上，其中以20～30岁的年轻女性用户为主。

淘宝的用户年龄分布比较广泛，但以20～40岁的年轻人为主，其中以25～35岁的用户为主要群体。这也与淘宝的商品类型有关，淘宝上的商品种类繁多，涵盖了各个年龄段的需求。

淘宝用户的地域分布也比较广泛，但以一二线城市的用户为主要群体，其中广东、浙江、江苏、北京、上海等地的用户较多。这也与这些地区的经济发展水平有关，这些地区的人们购买力相对较强。

3. 平台特点

淘宝直播是我国目前最大的直播电商平台，其特点如下。

（1）活跃用户规模大。第三方研究机构QuestMobile发布的数据显示，淘宝App日活跃用户规模持续增长，2023年以来，淘宝App平均日活跃用户数（DAU）已经连续5个月增长，6月淘宝日活跃用户数达到4.02亿，远超其他电商平台，稳居行业第一。

（2）转化率较高。淘宝直播拥有天然的电商基因，而且淘宝已经在商家和用户之间有了很高的知名度和信任度，与其他直播电商平台相比，用户更愿意相信已经运营十几年、有一定规模的淘宝。因此，从转化率上看，淘宝直播的用户群体较大，且用户群体购物目的较为明确，整体来说转化率较高。

（3）货源充足。因为淘宝自带电商基因，使其更加具备供应链等后端资源优势，拥有完善的电商直播产业链条，货源充足，主播们不需要自己挖掘货源，这给很多缺少资金的小主播带来了机会。

活动四　认识小红书平台

1. 平台简介

小红书成立于2013年，一开始是境外旅游购物的分享平台，后来，小红书以美妆、个护为主的分享模式进入市场。逐渐地，除了美妆、个护外，小红书上出现了运动、旅游、家居、旅行、酒店、餐馆、数码设备等信息分享，触及消费经验和生活方式的众多方面。

2. 平台用户结构

小红书的用户年龄分布整体较为年轻，以1990年后出生的年轻人为主流用户。其中90后和95后占了最大比例。这一类人比较注重时尚、生活品质和消费体验等方面，因此也是小红书上最活跃的用户。

小红书的女性用户占据了大多数，其中以年轻女性为主。这一类用户已经走出校园，开始工作或持续深造，对于生活的各个方面有着自己的思考和选择。她们注重个性、品质和健康，对于独立自主的生活方式有着更多的追求。

3. 平台特点

（1）社交化。小红书是一个社交化的购物平台，用户可以在上面分享自己的购物经验和使用体验，与其他用户、社区或品牌建立联系，创造出一个充满互动的社交网络。这种强烈的社交性吸引了很多用户，也使得小红书成了一个崭新的购物体验的引领者。

（2）个性化。小红书鼓励用户表达自己的个性、审美和消费观念，并给予他们更多的自由度和空间。用户可以在上面寻找和发现自己的风格，同时也可以表达和展示自己的价值观。这些不同的元素因人而异，为用户提供了一个多元的生活和购物场景。

（3）购物体验强。小红书致力于打造优质的购物体验，为用户提供一站式的购物服务。在小红书上购物，不仅可以看到产品的介绍和评价，还可以看到实景拍摄和试用效果。这些信息的呈现方式更加直观、真实，有助于用户做出更加准确、明智的购买决策。

4. 平台用户分类

如果以群体分类的话,小红书用户大体可以划分为以下几类。

(1)学生群体。学生群体是小红书的核心用户之一,小红书新增长的用户当中,很多都是学生,有的是高中生,有的是大学生,他们愿意追逐时尚,也敢于尝试新鲜事物,当然最重要的是时间充足,可以经常在小红书上逛,愿意在小红书下单购买产品,也愿意将自己的生活与好物分享出去。

(2)职场群体。职场群体是小红书的另一大主力,也是高消费群体的来源,这一群体基本上来自北上广深以及我国的新一线城市,他们有收入,对生活有着高标准的追求,对海外产品以及小众产品有着浓厚的兴趣,并愿意为品质生活买单。

(3)网红和明星。网红和明星是影响力极大的群体,小红书平台上有很多高度垂直的网红达人,涵盖了美妆、服饰、美食、好物、金融等诸多领域,他们会以自己专业的知识告诉用户应该如何解决生活中遇到的一些问题,这也让用户更加信赖他们。而明星主要是通过自身的影响力来分享自己日常生活中的一些好物,很多小红书用户因此被吸引。

小红书平台从用户到达人,甚至是品牌,都有着极高的时尚属性,在这里,只有时尚和专业才能够占领消费者的心智。

力学笃行

新手如何选择直播平台

直播新手在选择直播平台时,首先要了解直播平台的分类和定位,最好以同属性、流量大为前提,再做进一步的筛选。

(1)了解直播平台的特点。要想在一个平台上长期发展,就必须充分了解该平台,除了表面上看得见的平台流量、带货模式,还要知道分成方式、流量来源、用户年龄段等,尽量使这些元素与主播特点、产品特性高度吻合。

(2)找准直播平台的定位。大多数直播平台都有自己的定位,例如,淘宝具有电商特性,抖音具有社交特性,主播要看自己更适合哪一类平台。

(3)考虑直播平台的发展。每个平台的政策不同,针对各个领域的扶持计划也不同。以抖音为例,每隔一段时间,扶持项目就会有所变化,这是为了更好地迎合用户和市场。直播新手要多分析这些平台未来的发展趋势、扶持政策,这样才能更好地生存下去。

任务三　认识直播电商运营

任务描述

凡事预则立，不预则废。

直播电商平台的运营模式、流量来源、直播规范等是做直播带货必备的基础知识，艾特佳电商公司运营专员小珂需要在开展直播运营前确定好采用哪种运营模式，怎样承接平台流量，需要遵守的直播规范有哪些等。

任务实施

活动一　认识直播电商模式

直播与电商的结合为传统电商增添了新的力量，很多商家也在赶着直播的流量红利去做直播电商。在做直播电商之前，首先要了解清楚直播电商的模式有哪些，才能更好地去做直播电商的安排。

1. 店铺直播模式

店铺直播模式是电商直播的主要模式之一，主播在店铺中展示产品，消费者可以指定主播介绍产品。这种模式下，直播产品仅仅是直播间的在播产品，主要依靠产品与用户进行互动。店铺直播的优势在于真实可靠，直播展示的产品都是用户看得见的，而且可以直接向用户展示店铺，极大地提高了用户对店铺的信任度。店铺直播只限于本店宣传，店铺卖的是什么产品就推荐什么。

2. 基地走播模式

基地走播模式是电商直播的主要模式之一。在这种模式下，主播只需在基地搭建好直播场地，然后根据用户需求筛选合适的产品进行直播即可。这种模式内容辨识度较高，互动玩法也更多，主播不用担心库存压力和售后服务问题。基地走播模式由供应链构建直播基地，主播在各个直播基地去做直播，一般提前选好货，等基地做好场景搭建，主播即可开播。主播会根据用户需求筛选款式，一场直播往往会有较多的款式。同时，基地的装修和直播设备比较高档，直播画质较好，内容辨识度也较高。

3. KOL 直播带货模式

直播带货即通过直播展示商品，引导用户购买，还可以结合抽奖、秒杀、打折等多种营销手段，增加用户的购买欲望。关键意见领袖（Key Opinion Leader，KOL）直播带货模式是其中一种，商家与 KOL 敲定商品和价格，由 KOL 直播带货。对小商家而言，需要慎重对待，因为此模式会增加运营成本。

4. 单一型模式

单一型模式是电商直播的主要模式之一，主播在直播中只展示一种或类似种类的商品，比如美妆主播只展示或介绍化妆品、护肤品等美妆用品，服装主播只展示服装等商品。这种模式针对性强，更容易吸引对某一类商品感兴趣的用户。主播可以通过自己的试用或试穿，增加说服力，从而进一步增强使用的体验感，拉近与用户之间的距离。单一型模式深受消费者的喜爱。

5. 砍价模式

砍价模式是指主播代替用户在直播间进行砍价。在砍价的过程中，主播可以实时与用户讨论，这种模式虽然有表演的成分在里面，但是却可以活跃气氛，也可以让用户有种享受到优惠的感觉。实际上，针对类似直播砍价的促销行为，已有相关约束制度。比如国家市场监管总局曾发文要求严格规范促销行为，要提高促销行为的公开化和透明度，禁止采取先提价后打折、虚构原价、不履行价格承诺等违法方式开展促销。

6. 直播间出品模式

直播间出品模式是一种难度较大、门槛较高的模式，主播根据用户的需求推出特有的款式，同时也能够保证产品的品质。货品可由供应链供货，也可从工厂订制，还可采买于市场，用户对上新的内容有期待，成交的冲动主要来自用户对主播的信任以及对款式的认同。这种模式适合各类小商品、小日用品，对主播的名气要求比较高，基本是直播的头部主播。

> **活动二　认识直播平台流量来源**

在数字经济时代，流量是商业的"基石"，所以直播电商运营者都希望借助平台流量实现商业变现。直播间流量的大小决定了直播带货时的直播间人数，同时也决定了直播的销量，决定了产品的收益。因此流量的获取是商家关注的重点内容，提升直播流量也成了所有商家的共同诉求。

1. 直播间流量的种类

直播电商平台的流量分为免费流量和付费流量两种。

（1）免费流量。免费流量指的是不用花钱，通过各种渠道获得的自然流量。以抖音为例，用户通过平台的直播推荐算法，在抖音平台推荐 feed 流中看到直播间和直播间的入口，并且进入直播间。

系统根据直播间标签和运营情况免费推送到直播间的流量，包括抖音平台推荐 feed 流、直播广场等流量。自然推荐流量的获取和转化是提升每场直播效果的关键，做好每场自然流量的转化也是获得下次直播自然流量推送的关键。免费流量的获取渠道见表 1-2。

表 1-2 免费流量的获取渠道

渠道	说明
关注页	通过粉丝关注列表引入直播间的流量
订单中心	在订单中心引入直播间的流量
搜索页	通过搜索页用户卡片、搜索类直播卡片、搜索页面引入的流量
短视频引流	从推荐的主播的短视频引入直播间的流量
个人主页	通过个人主页引入直播间的流量
其他	通过转发、红包、福袋等引入直播间的流量

（2）付费流量。付费流量指的是通过各种付费渠道投放引流进直播间的流量，即通过平台官方的付费投放工具，比如抖音的巨量千川、DOU+等购买的流量。付费流量可以给直播间带来精准用户，是冷启动和撬动自然流量的重要工具。

2. 流量分配算法——以抖音平台为例

对于直播来说，我们在思考为什么直播间没人看之前，首先必须明白平台对于流量分发的核心机制与规则是什么。以抖音平台为例，流量智能分发、流量池原则、去中心化是其明显特征。

（1）流量智能分发。抖音系统对于新发布的视频或直播间通常会给予四部分的流量推荐，如图 1-3 所示。

图 1-3 流量智能分发

1）关注粉丝。首先是分发给该账号的关注粉丝，因为关注的粉丝与账号之间具有最强的关系链接。

2）通信录好友。其次是分发给通信录好友或者可能认识的人，这里有个前提是需要授予 App 调用手机通信录的权限，并且在 App 中开启通信录好友可见。

3）同城推荐。然后是同城推荐，对于处于成长初期的账号而言，同城推荐是第一波推送。

4）标签用户推荐。最后则是相关标签用户推荐，系统会先将每个账号和内容进行打标签处理，然后把视频或直播间推荐给系统标签相同或相似的账号，在小范围的流量池内进行扩散。

（2）流量池原则。上述流量智能分发中提到的推送给"关注粉丝"和"通信录好友"获得的流量，与平台上亿的流量相比，数量上简直可以忽略不计。而且，系统能推荐的同城流量也相当有限。那么，想要获取平台更多的免费流量，流量池推荐至关重要。

如上所述，对于新发布的视频或直播间，平台会先提供一个基于内容的小流量池，把内容推荐给可能会感兴趣的人群进行测试。测试过程中，系统会根据视频或直播间在这个流量池内扩散产生的反馈数据进行评估，如果数据反馈不错，说明内容质量优良，用户喜欢，那么接下来系统会将推荐的流量池扩大，内容也就能得到更多平台推荐的流量。如果第一波流量池反馈的用户数据不好，那么系统则不会继续下一层流量的推荐。平台流量池层层扩大如图 1-4 所示。

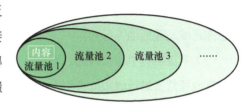

图 1-4　平台流量池层层扩大

流量池测试评估的数据维度主要包括点赞量、评论量、转发量、关注量、视频完播率。

根据这几个评估标准，直播间一开播，就要想办法去提升点赞、评论、销量、转发、关注等数据。用户在直播间停留观看的时间尽可能久，直播间用户的互动率高，直播观看数据好，这样才会被系统判定为优质直播间，才有机会被平台持续加持流量。

（3）去中心化。对于平台而言，维持整个生态持续、健康、均衡发展是最为重要的事情。所以平台不希望看到所有流量聚集在少数的大 V 账号，平台会在一定程度上限制大 V 账号新流量的分配，把更多流量红利分到新的高质量账号上。

这种去中心化的平衡机制不会让平台生态失衡，并且对新入局的创作者来说有很大的吸引力，会吸引更多的人参与到内容生态的建设当中。

活动三　认识直播电商违规行为及行为规范

直播电商作为一种社会化营销方式，应规范其网络直播营销活动，促进其健康发展。直播电商必须遵守直播营销行为规范。

1. 直播营销违规行为

习近平总书记强调："对突出的诚信缺失问题，既要抓紧建立覆盖全社会的征信系统，又要完善守法诚信褒奖机制和违法失信惩戒机制，使人不敢失信、不能失信。"为加强网络直播营销活动监管，保护消费者合法权益，促进直播营销新业态健康发展，市场监管总局将依法查处直播营销活动中侵犯消费者合法权益、侵犯知识产权、破坏市场秩序等违法行为，以促进网络直播营销健康发展，营造公平有序的竞争环境、安全放心的消费环境。

直播营销违规行为主要包括以下几种。

（1）电子商务违法行为。电子商务违法行为主要包括擅自删除消费者评价、对平台内经营者侵害消费者合法权益行为未采取必要措施、未尽到资质资格审核义务、对消费者未尽到安全保障义务等行为。

（2）侵犯消费者合法权益违法行为。侵犯消费者合法权益违法行为包括对消费者依法提出的修理、重作、更换、退货、补足商品数量、退还货款和服务费用或赔偿损失的要求，故意拖延或无理拒绝等行为。

（3）不正当竞争违法行为。不正当竞争违法行为包括实施虚假或引人误解的商业宣传、帮助其他经营者进行虚假或者引人误解的商业宣传、仿冒混淆、商业诋毁和违法有奖销售等行为。

（4）产品质量违法行为。产品质量违法行为包括在产品中掺杂掺假、以假充真、以次充好、以不合格产品冒充合格产品、伪造产品的产地和伪造或冒用他人厂名厂址等行为。

（5）侵犯知识产权违法行为。侵犯知识产权违法行为包括侵犯注册商标专用权、假冒专利等行为。

（6）食品安全违法行为。食品安全违法行为包括无经营资质销售食品、销售不符合食品安全标准的食品、销售标注虚假生产日期或超过保质期的食品等行为。

（7）广告违法行为。广告违法行为包括发布虚假广告、发布违背社会良好风尚的违法广告和违规广告代言等行为。

（8）价格违法行为。价格违法行为包括哄抬价格、利用虚假的或者使人误解的价格手段诱骗消费者进行交易等行为。

2. 直播营销行为规范

为规范直播营销活动，促进其健康发展，中国广告协会发布了《网络直播营销行为规范》，该规范为国内首个关于直播营销活动的专门规范，并于2020年7月1日正式生效。

《网络直播营销行为规范》（以下简称《规范》）共六章四十四条，对网络直播营销中的商家、主播、平台经营者、主播服务机构和参与用户的行为提出了规范，并鼓励网络直播营销活动主体响应国家脱贫攻坚、乡村振兴等号召，积极开展公益直播。

（1）商家。亮证亮照经营，履行广告主的应尽义务，特殊商品需合规销售。

商家通过网络直播方式销售药品、医疗器械、保健食品、特殊医学用途配方食品等特殊商品时，应当依法取得相应的资质或行政许可。

（2）主播。实名认证，禁止虚假宣传，禁止主播引导用户私下交易，禁止数据造假。

虚假广告是网络直播营销行为中最常见，也是被消费者诟病最多的问题，《规范》中明确提出主播入驻网络直播营销平台应当进行实名认证。主播在直播过程中，应当保证信息真实、合法，不得对商品和服务进行虚假宣传，欺骗、误导消费者。同时，主播向商家、网络直播营销平台等提供的营销数据应当真实，不得采取任何形式进行流量等数据造假，不得采取虚假购买和事后退货等方式骗取商家的佣金。

（3）平台经营者。《规范》同时规定了各类平台经营者的主要义务。

电商平台类的网络直播营销平台经营者的主要义务在于对平台内商家资质和经营范围的监管，平台应当加强对入驻本平台的商家主体资质规范，督促商家依法公示营业执照及与其经营业务有关的行政许可等信息。

内容平台类及社交平台类网络直播营销平台经营者的主要义务均在于避免主播与用户达成线下交易，这一点系基于网络直播的特征而提出的，有别于线下交易、其他非直播线上交易的规定。

（4）其他参与者。MCN【多频道网络（Multi-Channel Network）是与内容创作者合作或直接生产各种独特内容的任何实体或组织，并在发布内容的平台上执行业务和营销功能】机构等主播服务机构应建立健全内部管理规范，落实合作协议与平台规则，用户不得利用直播平台发布不当言论，侵犯他人合法权益。

同时，《规范》对主播服务机构与网络直播平台、主播之间常见的发生纠纷的几类行为也进行了列举式的规定，明确主播服务机构应当规范经营，不得出现下列行为。

1）获取不正当利益，如向签约主播进行不正当收费等。

2）未恰当履行与签约主播签署的合作协议，或因显失公平、附加不当条件与签约主播产生纠纷，未妥善解决，造成恶劣影响。

3）违背承诺，不守信经营，如擅自退出已承诺参与的平台活动等。

4）扰乱网络直播营销活动秩序，如数据造假或舞弊等。

5）侵犯他人权益，如不当使用他人权利、泄露他人信息、骗取他人财物、骚扰他人等。

6）故意或疏于管理，导致实际参与网络直播营销活动的主播与该机构提交的主播账户身份信息不符。

模块总结

本模块系统介绍了直播电商的基础知识，通过学习，同学们应熟悉直播电商的现状及发展趋势，了解直播电商常见形式及优势，掌握常见的直播电商平台类型及其特点，从而具备结合企业自身条件和资源选择直播电商平台以及选择适合自己的直播带货模式的能力；发扬精益求精的工匠精神，保持艰苦奋斗的优良传统，提升数字素养与技能，成为具有数字意识、计算思维的数字公民。

素养提升课堂

人无诚信不立、业无诚信不兴
做遵纪守法的直播人

2022年5月5日，市场监督管理局在网络交易安全监管中发现云南某茶业有限公司在抖音和视频号网络平台推送的"班章青饼，买4送3=199元"的信息内容，涉嫌存在利用"班章"名气，通过抖音直播间、微信视频号等方式发布与商品质量承诺不一致的虚假宣传，欺骗、误导消费者。

经执法人员调查确认：2021年4月8日，云南某茶业有限公司采购一批普洱茶。该批产品的原料是该公司从坝卡囡采购的夏茶，并非来自班章茶区的原料（同期班章地区茶叶的原料价格：约为7 300元/公斤）。

云南某茶业有限公司在网络平台直播带货过程中，违背社会诚信原则，隐瞒产品产地、质量等重要真实信息，在七子饼普洱茶包装上虚假标注"班章青饼"，进行虚假或者引人误解的商业宣传，从而让消费者产生错误联想或误认的后果进行消费。

案例分析："人无诚信不立、业无诚信不兴、国无诚信不强"。诚信是企业的一种无形资源，是企业发展壮大的巨大动力。各直播间应该诚信经营，自觉接受社会监督。牢固树立诚信经营意识，加强商品质量、服务履约、广告宣传等方面的信用管控。优选合格可靠供货渠道，建立检验抽查制度，维护商品质量安全。加强自律，自觉接受主管部门、行业组织、公众媒体监督。若发生违法失信行为，自愿接受约束和惩戒。

赛证融通

一、单选题

1. 直播电商发展趋势体现在（　　）。

   A. 主播去头部化　　　　　　　B. 内容专业化

   C. 新兴技术应用　　　　　　　D. 以上答案都正确

2. 关于传统电商模式与直播电商模式的对比，以下选项错误的是（　　）。

   A. 传统电商是用户主动搜索商品为主，直播电商是主播向用户推荐商品为主

   B. 传统电商的用户消费心理是对商品有刚性需求，消费是为了满足物质需求；直播电商的用户消费心理是有些用户对某些商品并不存在需求却仍然购买，是为了满足自己的好奇心

   C. 传统电商社交属性较强，直播电商社交属性较弱

   D. 传统电商在购买商品时互动性较差，直播电商在购买商品时互动性较强

3. 小红书平台用户特点不包括（　　）。

   A. 社交化　　　　　　　　　　B. 价格便宜

   C. 个性化　　　　　　　　　　D. 购物体验强

二、多选题

1. 直播电商的优势包括（　　）。

   A. 真实可靠，优化体验　　　　B. 实时互动，创造价值

   C. 突破传统，高转化率　　　　D. 价格低廉，低端市场为主

2. 直播电商的常见形式包括（　　）。

   A. 商品分享式直播　　　　　　B. 才艺表演式直播

   C. 展现日常式直播　　　　　　D. 访谈式直播

3. 淘宝直播电商平台的特点包括（　　）。

   A. 活跃用户规模大　　　　　　B. 转化率较高

   C. 货源充足　　　　　　　　　D. 社交强

三、判断题

1. 数字人直播无需真人主播，节省成本，一台电脑即可随时开播。（ ）
2. 商品分享式直播是指主播在直播间直接向用户分享和推荐商品。（ ）
3. 图文电商的出现打通了场景互动和售卖行为，为用户提供了边看边买的良好体验，形成了真正打通人、货、场的重要模式。（ ）
4. 平台推广只能是付费推广。（ ）
5. 商家通过网络直播方式可以销售医用面膜。（ ）

模块二　直播定位与团队组建

模块二　直播定位与团队组建

学习目标

知识目标

1. 掌握直播间定位的基本原则与 IP 打造方法；
2. 熟悉直播电商团队的岗位职责及人员配置；
3. 了解直播电商主播的常见类型；
4. 掌握带货主播应具备的职业素养及职业发展。

技能目标

1. 能够进行直播间的定位和 IP 打造；
2. 能够结合实际，不断提升主播自身的职业素养；
3. 能够根据企业需求组建直播团队，并明确成员的岗位职责。

素养目标

1. 坚持正确的政治方向、舆论导向和价值取向，遵守直播电商从业人员的职业道德；
2. 培养建立良好的职业生涯发展规划的意识。

> **情境引入**
>
> 艾特佳电商公司已经确定了通过直播带货方式拓宽销售渠道的未来发展目标，并且选择了抖音作为初期入驻的直播平台。为保证公司直播带货业务的有序开展，总监小冉需要明确本企业电商直播的定位，并着手组建直播团队，培养优秀主播的工作。对新手商家来说，组建一支高效的直播团队，培养适合产品的优秀主播，规避直播的各种风险，是至关重要的。

任务一　直播间定位与 IP 打造

任务描述

计熟事定，举必有功。

艾特佳电商公司运营专员小珂现在需要明确直播间定位，并根据定位和受众需求来进行直播间 IP 打造，有效吸引目标人群关注直播间，实现精准营销，让直播事半功倍。

任务实施

活动一　认识直播间定位

1. 直播间定位的意义

做直播带货的第一步就是要先进行定位，定位的本质是对直播内容、产品选择方面进行聚焦，形成独特的竞争优势，更好地为直播间积累基础流量，让后期的变现过程更加顺风顺水。

2. 直播间定位的原则

（1）垂直原则。直播间定位应该在对用户群体进行细分的基础上，垂直于一个细分领域，不要面对一个泛泛的群体去做内容，不垂直等于不专注。越想迎合所有的用户，做各种各样的内容，就会发现，用户有可能越不喜欢你，甚至抛弃你。

（2）价值原则。对用户来说，有价值的内容才会去看，有价值的账号才会去关注。价值可以分为很多种：视觉享受价值、娱乐享受价值、知识获取价值等。好看、好玩、有趣和实用都是很好而且用户比较喜欢的价值方向。

（3）差异原则。只有差异，才能让账号从众多直播间中脱颖而出，让用户记住、关注。差异可以从内容领域、IP 或人设的特点、内容结构、表达方式、表现场景、拍摄方式、视觉效果等众多方面进行体现。大的差异可能很难做到，那就先从小的差异做起。

（4）持续原则。即使直播间定位遵循了垂直原则，输出的内容也很有价值和差异化特点，但是如果不坚持持续和稳定地更新，根据平台的规则和算法机制，账号的权重就会下降，获得的平台推荐量变低，已经关注的用户也会容易流失。持续原则是最重要的原则之一。

力学笃行

什么是 IP

IP 是 Intellectual Property 的首字母缩写词，本意为"知识产权"，后来逐渐引申为能够凭借自身吸引力获得流量的知识产权品牌、个人品牌或产品品牌。一个好的 IP 可以穿越很多形态和载体，既可以拍成电影、写成书、做成玩具，也可以拍成短视频。像孙悟空、女娲等这些知名 IP 都经过了岁月的洗礼，被一代又一代的人所喜欢。每个优秀的 IP 都代表着某种价值观。

活动二　认识主播人设定位的作用

作为主播，每天都会出现在大众面前。但是每个成功的主播，除了有着优秀的直播技能和水平之外，与众不同的人格魅力也是不可缺少的，这就是主播的人设。主播人设的作用有以下几个方面。

1. 满足观众期待

在网络虚拟环境中，粉丝会将自己的情感投射在主播身上，并期待获得某种个人情感的满足。人设定位就是主播展示在他人面前的形象，一般来说，就是能够引起粉丝好感从而吸引粉丝的形象，用来满足观众期待。

2. 精准吸引粉丝

在直播商品越来越同质化的今天，当观众首次进入直播间时，主播如果具有鲜明的人设特点，就可以让观众在短时间内快速产生记忆点，给其留下深刻的印象，使主播从众多直播账号中脱颖而出，吸引更多的粉丝，并增强粉丝的黏性。

一个好的人设可以帮助主播快速锁定最有可能喜欢自己的一类人，为自己选出优秀的用户，将这些用户慢慢聚集在自己的直播间，成为主播的忠实观众。每一种具有不同人设的主播都能对应吸引到喜欢他的粉丝，成功的人设使吸引粉丝变得更加精准，更易获得流量。从观众到粉丝，再到下单购买，主播人设是这些转化的基础和催化剂。

3. 提升商业价值

优秀的人设自带流量，有利于更快传播有价值的内容，形成有认可度的用户聚集体，并形成裂变，再次传播，最终获得流量变现。

具有鲜明特点的人设相当于一个品牌，对直播带货而言可以起到一定的决定性作用。对于品牌方来说，挑选与本品牌产品特点相契合的代言人有增加受众信任度、提升销量的作用。

活动三 认识个人与企业 IP 打造

1. 个人 IP 打造

随着信息技术的发展和社会竞争日趋激烈，"小个体"经济即将来临。我们每个人都可以把自己打造成一个具有标识性的小个体，即个人 IP。"小个体"是一个具有公众识别性的，能够展示自己和为自己创造价值的流量体。当我们建立好附着我们独特标签的流量体之后，便可以实现多渠道增收和变现，就是我们所说的个人 IP。个人 IP 的时代，每个人都有自己的品牌。

（1）个人品牌，为自己代言。个人品牌，简单说就是别人对你的印象或评价。我们每个人都拥有个人品牌，都是个人 IP 和品牌的代言人。主播在自己的职业生涯中，需要时时刻刻不断地审视自己的言行举止，去获取好的印象和评价，不断地累积声望，最终形成一个有正向影响力的个人品牌。

（2）从自己具备优势的领域入手。我们要做个人 IP，就是想要长期打造一个属于自己的个人流量变现体。这个 IP 需要长期打造，而不是昙花一现。因此我们必须从自己擅长的、感兴趣的，具备优势和竞争力的领域和行业着手。

（3）专注做自己，借力思维。打造个人 IP，就是打造自己的鲜明人设，做最独特的自己，吸引那些真正对自己感兴趣的人。我们可以复制别人的方法、技术和思路，去打造自己的个人 IP。利用别人已经成功的方法和思路，来打造属于自己的个人 IP，做自己想要做的事，树立自己的个人品牌。

2. 企业品牌 IP 打造

企业品牌 IP 从本质上说是一种无形的知识产权或品牌，是企业智力成果或知识产品的表现形式。在这个以 IP 为贵的时代，企业品牌 IP 形象可以让目标用户更容易产生共鸣，促进用户参与互动。

打造企业品牌 IP 的过程需要每个企业都有专属于自己的品牌直播间，通过品牌直播间将个人主播分散的流量进行聚合，让观众为了品牌而来，信任品牌，实现品效合一。

企业在直播过程中，产品的转化率取决于观众对企业及主播的信任。企业对直播的投入，本质上也是对品牌 IP 的打造。营销场景下，基于品牌框架孵化出来的主播 IP 与企业的联系也更紧密。

德技并修

定位三农频道，助力乡村振兴

武夷山市某文化传播有限公司的沈某，账号运营初期只是简单地更新农村生活的日常，视频的画质和构图一般。因为画面比较真实，内容比较接地气，吸引了不少粉丝的关注。粉丝虽然很多，但是由于账号定位不太清晰，商业化运营的道路并不太顺利。后期沈某逐渐明确了账号定位，成为一名抖音新农人、三农自媒体网络博主，用微小的镜头记录真实的乡村。因为网友对视频里出现的熏鹅、茶叶、笋干等武夷山特产感兴趣，沈某开始收购村里的农产品、土特产，帮助农户把好产品卖出大山，实现增收致富。沈某在全网有近 3 000 万粉丝，经营的农产品品牌 2022 年全年总销售额超 7 000 万元，带动了家乡的产业发展和农民的增收。

任务二　直播团队组建及人员配置

任务描述

夫乘众人之智，则无不任也；用众人之力，则无不胜也。

一场成功的带货直播，并不是主播一个人的功劳，而是整支团队分工协作、密切配合的结果，因此艾特佳电商公司现在需要马上组建一支分工合理、配合默契的直播运营团队。这是公司开展直播带货的重要工作。

任务实施

活动一　了解直播团队的岗位职责

1. 主播岗

主播主要负责通过直播向客户展示售卖产品，并与粉丝互动；结合运营计划，执行直播营销方案，提升直播间人气，最终将直播间观众转化为粉丝，并引导下单购买。

（1）直播前。主播需要对直播脚本内容、商品特性与卖点、直播活动、粉丝福利等内容了然于心，这样才能在直播过程中更好地发挥个人能力，统筹全场。

（2）直播中。主播需要掌控直播节奏，时刻注意自己的个人形象和直播表现，活跃直播间的氛围，促进销售。

（3）直播后。通过粉丝社群、微博、微信等渠道对直播进行二次宣传，或不时向粉丝分享福利，树立个人、店铺及品牌的良好形象，增加粉丝的黏性。

2. 副播岗

一些规模较大的直播团队，有时会专门设置副播岗位。副播通常主要负责在直播间内辅助主播开展直播。例如，主播暂时离开直播间时，由副播继续完成直播；若直播时间较长，可以由多名副播来轮流替播；或在直播间内与主播配合，协助主播说明直播活动的规则，介绍商品，与粉丝互动，引导粉丝关注和下单等。

3. 助理岗

助理即直播助理，主要负责辅助主播开展直播，是直播前端运营中不常出镜的一个角色。助理的工作内容包括在开播前通过各种渠道发布直播预告，确认商品和道具的准备是否到位，在直播过程中配合场控提醒主播直播活动的关键时间节点。有时，助理也承担副播的角色。

4. 场控岗

场控主要负责执行直播策划方案，相当于直播的现场"导演"，在策划人员和主播之间进行协调。场控主要工作内容包括以下几项。

（1）软硬件设备搭建与调试。

（2）直播过程中的产品上架、产品调价、产品增加库存等后台操作。

（3）监控直播过程中的各种异常情况。

模块二　直播定位与团队组建

5. 策划岗

策划是直播的幕后"导演""全局规划者"。策划人员主要负责制定直播的策划方案、策划促销活动、设计直播脚本、各项内容的制作与分发。同时，策划人员还需要对接企业的其他部门，协调直播团队和企业之间的工作，如组织拍摄预热短视频、商品抽样、仓库部门的协调等。

6. 数据运营岗

数据运营主要负责流量采买和直播数据的收集、分析，并针对数据分析发现的问题为策划提供直播方案的优化建议，同时为直播复盘提供数据支撑。策划岗和数据运营岗可以由同一人担任，这样直接通过直播数据分析的结果对直播方案进行优化，可以避免策划岗与数据运营岗沟通交流中产生的信息损耗。

7. 客服岗

直播间的客服主要起承接粉丝的作用，负责与粉丝互动，为粉丝解疑，配合主播的直播，处理商品发货及售后问题。客服需要熟悉商品信息，以便向消费者准确描述商品的卖点与优势，同时客服还应掌握一定的沟通策略。

8. 商务拓展岗

商务拓展主要负责商家合作、商品招商等事宜，其主要工作内容是根据企业业务的发展需求整合MCN等直播机构资源、寻找意向合作伙伴、制订合作计划、完成合作谈判、对合作项目的实施进行监督、拓展新合作渠道、发展企业潜在客户、为企业寻找长期合作伙伴。商务拓展应具备较强的沟通交际能力、组织协调能力和渠道开拓与管理能力。

活动二　了解直播团队的人员配置及风险评估

要想做好直播运营，直播团队的组建是至关重要的。直播团队的人数并不一定要很多，新成立的直播团队，为了节约成本，通常会一人身兼数职。随着团队业务的不断增加，配备的人员会越来越多，团队分工会越来越精细。

1. 直播团队人员配置

根据直播团队中人员的多少，可以将直播团队分为基础团队、标准团队和成熟团队。

（1）基础团队。如果个人或商家的预算不高，那么可以组建一个比较精简的团队，即至少配置 1 名主播和 1 名运营人员。该配置对运营人员的要求较高，运营人员需同时承担助理、场控、策划、数据运营、客服等岗位的工作。

基础团队配置 1 名主播存在一定的弊端，即无法实现连续直播，并且主播无法出镜时，就会影响直播的正常进行。在 1 名主播和 1 名运营人员的配置基础上，也可增设 1 名策划人员，负责直播方案的策划工作。

（2）标准团队。个人或商家的预算充足，或业务规模变大，可以组建标准团队。企业或平台商家构建自营直播团队时，一般会按直播的工作环节来选择和配置标准团队。直播标准团队人员职能分工见表 2-1。

表 2-1 直播标准团队人员职能分工表

人员配置	职能分工
主播 1 名	负责直播，介绍、展示商品，与粉丝互动，引导粉丝关注，参与策划与直播复盘等
助理 1 名	协助主播工作，准备直播商品与道具，担任临时主播等
场控 1 名	负责软硬件调试及整场直播的后台操作，直播间数据监测与反馈，处理询单、答疑、售后问题等
策划 1 名	负责策划直播方案，设计商品脚本、活动脚本、话术脚本，直播预热宣传策划，粉丝福利方案策划等
数据运营 1 名	负责直播间流量采买和数据收集、分析，提供直播方案优化建议
商务拓展 1 名	负责商务合作、商品招商、商品信息整理、对接店铺等

（3）成熟团队。随着直播业务的发展壮大，或者商家实力雄厚，商家可以组建成熟完善的直播团队，可以细化工作内容，由不同成员完成其对应的工作，团队成员相互配合，提高直播的效率和收益。直播成熟团队人员职能分工见表 2-2。

表 2-2 直播成熟团队人员职能分工表

人员配置	职能分工
主播 1 名	负责直播，介绍并展示商品，引导粉丝关注与下单，复盘直播内容等
副播 1 名	配合主播直播，辅助说明直播间活动规则、介绍商品信息、活跃直播间气氛，担任临时主播等
助理 1 名	配合直播间的现场工作，摆放商品和道具，发布预热信息，配合主播完成"画外音"互动等
场控 1 名	负责调试软硬件，上下架商品、更改商品价格、发送红包和优惠券等
策划 2 名	负责策划直播方案，策划直播前的预热内容，策划粉丝福利方案，设计商品脚本、活动脚本、话术脚本等
数据运营 1 名	负责直播间流量采买和数据收集与分析，提供直播方案优化建议
拍摄剪辑 1 名	辅助直播工作，负责商品、主播、直播花絮等的拍摄与剪辑
客服 2 名	负责直播间的粉丝互动与答疑，解决商品发货等售后问题
直播主管 1 名	负责主播的日常管理、招聘、培训、心理辅导，以及招商宣传等

模块二　直播定位与团队组建

2. 直播团队的风险评估

直播团队的风险评估是指评估在直播运营过程中某种损失发生的可能性。

（1）主播状态评估。主播是直面消费者的第一人，主播直播时的状态、临场发挥情况，会对直播质量和效果产生直接的影响。如果主播状态不佳，则可能出现直播间人数激增时无法承接流量、掌控不住直播间节奏、消费者提出专业问题无法及时回答、商品介绍缺乏吸引力等问题。基于以上种种问题，评估主播状态时，首先要看主播是否重视本场直播，开播前是否做好了充足准备，是否充分了解商品的卖点信息，是否熟悉直播脚本与话术，以及妆容及穿着是否适宜。其次，还应分析直播过程中主播的精神状态是否饱满，注意力是否集中，是否与消费者积极互动等。

（2）团队配合情况评估。

1）副播。分析副播是否存在激情不足、与主播配合不佳、商品细节展示不清晰、问题回复或者解决不及时等问题。

2）助理。分析助理是否存在道具准备错误、与主播的互动不及时、声音不够洪亮等问题。

3）场控。分析场控是否存在商品上下架操作失误、优惠券发放不及时、库存数量修改错误、实时问题出现后没有进行记录等问题。

4）策划。分析策划是否存在推广引流人群不精准、商品吸引力不足、商品要点归纳不足、预估直播数据出现偏差、对直播突发状况未做出有效判断等问题。

力学笃行

优秀的直播运营团队注重考核四大能力

（1）选品能力。为账号选择引流款、福利款、爆款、利润款、形象款等产品组合，为直播间引流、流量承载、流量转化做好准备。

（2）短视频创作能力。短视频是直播的重要流量入口，许多团队倾向于运营短视频，为账号打标签、积累粉丝。

（3）直播运营能力。运营团队通过人、货、场组合，协调直播过程中的各岗位配合，获得账号增长、产品销售。

（4）低成本推广能力。结合推流工具，巧妙运用自然流量，优化直播间数据，实现理想的销售额。

任务三 主播角色认知及素养培养

任务描述

千军易得,一将难求。

主播是直播运营成败的关键。拥有一名优秀的主播,可以让直播运营赢在起跑线上。艾特佳电商公司刚入职一名新主播小凡,现在需要把她从一名新手主播培养成一名业务能力强、专业度高且有情怀的成熟主播。

任务实施

活动一 主播角色认知

直播电商主播是一种以直播方式向消费者推荐商品的职业,需要具备较强的营销能力、互动能力和表达能力,还需要对产品有深入的了解等。在直播过程中,主播需要展示商品的特点、功能、使用方法等,与观众互动,回答观众的问题,打消消费者的疑虑,提高消费者的购买意愿和购买转化率。主播还需要协助运营团队进行直播内容的策划、准备和执行,包括选品、制定直播方案、协调供应链等。同时也要参与直播前的宣传推广工作,以及直播后的数据分析和总结等。

主播是直播的灵魂,一场成功的直播带货离不开一名优秀的带货主播。培养一批既懂实战又懂运营的高素质主播人才是当前的重中之重。卖点提炼能力、流量承接能力、现场氛围调节能力、互动控场能力,这些都是作为一个合格主播所必须具备的核心能力。

我们把直播电商主播的类型分为以下三种。

1. 导购促销型

直播带货归根到底是一种销售行为,所以导购促销型主播最重要的就是击中用户的真实需求,快速准确甚至超预期地匹配用户需求。类似于跟着导游逛街购物,导游一路提供产品讲解服务,介绍的产品往往高度契合用户需求,消费者听产品介绍的过程中,如果能够满足自己的需求就直接下单购买了。

比如有着多年化妆品线下柜台销售经验的主播,在用户提出购买化妆品的需求后,可以快速从价格、品牌、肤质等多个角度给到用户专业的消费推荐。这种主播最大的价值在于帮助用户缩短消费决策时间，依靠用户对其的信任，让用户可以跟随主播，成为产品的用户、主播的粉丝，从而形成强大的带货力。

导购促销型主播的职责不仅仅是讲解和种草产品，引导客户线下到店里去体验，还要在线上亲自去展示、体验产品。零食要试吃，服装要亲自去试穿，要体验式地去展示商品。主播还可以是客服，灵活地回复粉丝提出的问题。导购促销型主播的角色就是"导购 + 客服 + 模特"，主播的主要作用是"讲解并种草产品 + 解答粉丝疑惑 + 体验式展示商品"。导购促销型主播服装展示如图 2-1 所示。

图 2-1　导购促销型主播服装展示

2. 技能专家型

有些商品具有较强的专业性，如护肤品、服饰、健身器材等，这就需要美容师、穿搭师、健身教练等专家型主播帮助用户进行消费决策和完成商品消费。这类技能专家型主播本身必须具备硬干货、真实力，通过持续的专业知识分享来打造强意见领袖型的专家形象。

技能专家型主播最重要的作用是"产品背书"和"用户赋能"，专家身份让产品更可信，专业技能让用户更受益。比如售卖蜂蜜等食品，营养师主播可以详细介绍产品的营养成分；售卖面膜等护肤类商品，美容师主播可以传授用户护肤技巧。这种主播的最大价值就是打消用户的消费顾虑。尤其对于高客单价商品、专业类商品、食品类商品，专家角色天然具有引领性。

3. 明星网红型

对于部分用户来说，消费不仅仅是为了满足物质需求，还有精神需求。消费本身代表了用户对美好生活的期待和向往。

明星网红型主播本身自带流量，分为娱乐型主播、才艺型主播、颜值型主播、幽默型主播等。这类主播靠个人魅力吸引忠实的粉丝，形成"明星网红光环"，进而与商品相关联，形成粉丝流量的转化。明星网红型主播的核心就是"成为用户的理想化身"，让商品成为用户理想的载体，最终形成销售。

活动二　带货主播职业素养培养

主播是直播团队的核心人物，任何新手主播成长为优秀成熟的主播都要经历长时间的锤炼。新手主播要保持良好的直播心态，要学会自信，对自己有信心，并保持乐观的心态，积极认真地学习，不断提升自身的职业素养。

一名优秀的带货主播应该注重以下几个方面职业素养的提升。

1. 主播的政治素养

政治素养是带货主播工作的基石，主播不仅代表公司，而且也影响着相关平台的声誉。带货主播应坚持正确的政治方向、舆论导向和价值取向，树立正确的世界观、人生观、价值观，积极践行社会主义核心价值观，崇尚社会公德、恪守职业道德、修养个人品德。一个有着正确政治素养的主播在以后的工作中才会走得更远。主播在直播工作中应做到以下几点。

（1）遵守国家相关法律法规。网络主播要遵守国家相关法律法规，直播过程中的言论必须符合规范。

（2）关注社会热点。随着主播数量的不断增加，整个直播行业对主播行业从业者也提出了更高的要求。主播们要想赢得更多粉丝的喜爱，获得长久的发展，除了专业技能外，还需要对社会热点事件有合理独到的见解。

（3）引导正确舆论。随着网红经济的崛起，全民触播的势头越来越足，主播、网红已经算是公众人物了，为广大粉丝引导正确舆论尤为重要。

主播应该加强学习、提升素质，熟知国家相关法律法规，在直播过程中利用规范的表达方式向观众传递正能量的内容，使自己能够成为一名高素质的网络主播。

德技并修

划定底线，守住红线——《网络主播行为规范》出台

近年来，网络直播节目大量涌现，网络主播数量快速增长，在传播科学文化知识、丰富精神文化生活、促进经济社会发展等方面，发挥了重要作用。同时，网络主播队伍素质良莠不齐，进入门槛低，部分网络主播法律意识淡薄、价值观念扭曲，传播低俗庸俗内容、散布虚假信息、诱导非理性消费和大额打赏、炒作炫富拜金、偷逃税、损害未成年人身心健康等违法违规问题时有发生，严重扰乱行业秩序，污染社会风气。

为进一步规范网络主播从业行为，加强职业道德建设，促进行业健康有序发展，国家广播电视总局、文化和旅游部共同制定并于 2022 年 6 月发布了《网络主播行为规范》（以下简称《行为规范》）。《行为规范》共包括十八条，涵盖网络主播应当坚持正确政治方向、舆论导向和价值取向，崇尚社会公德、恪守职业道德、修养个人品德，坚持健康的格调品位，自觉摒弃低俗、庸俗、媚俗等低级趣味，自觉反对流量至上、畸形审美、"饭圈"乱象、拜金主义等不良现象，自觉抵制违反法律法规、有损网络文明、有悖网络道德、有害网络和谐的行为等重要内容。

《行为规范》将有利于提高网络主播队伍整体素质，治理行业乱象，规范行业秩序，通过规范管理进一步推动网络表演、网络视听行业持续健康发展。

2. 主播的形象素养

带货主播的形象是通过人格、修养、风度、气质等表现出来的。直播带货时代，主播与消费者不仅是单纯的买卖关系，许多带货主播发展至今，获得超强的人气和流量，这与自己良好的主播形象是分不开的。主播应树立良好的个人形象，以良好的精神面貌和优质的内容获得观众的认可。

主播的形象素养不仅指主播所展现的仪容仪表，还包括所选的商品要和自身的形象气质相契合，主要包括以下几个方面。

（1）主播的妆容。直播电商主播通过镜头面对的是广大用户，因此主播要把自己美好的一面展现给用户。精致的妆容既是对自己的尊重，又是对用户的尊重，也更容易获得用户的关注。男主播主要注意面部整洁，而女主播需要注意的是妆容应得体大方，避免过分夸张。

（2）主播的着装。主播的穿着要整洁、得体，以简洁、自然、大方为原则，符合平台的规则。契合直播主题，与直播内容、直播环境、用户群体等尽可能保持一致，切忌为引人注目而身着奇装异服或过于暴露。

（3）主播的礼仪。

1）合适的体态。

①站姿。在直播过程中，如果主播是站着进行直播，良好的站姿就显得非常重要。站立时适当放松，不要躬腰驼背或挺肚后仰，两手不要插在裤袋里。

②坐姿。坐姿也是直播过程中常用的一种姿态，其基本要求是上身自然挺直，身体稍向前倾，两肩放松；双脚平落地上。

2）合适的表情。一个有感染力的主播更能给观众留下深刻的印象，感染力源于人物展现的表情。主播在直播过程中要做好表情管理，保持真实和自然的表情，展现出积极的态度。

（4）主播的形象气质符合所选商品特质。主播应尽量选择与自己形象气质相契合的商品。例如，活泼可爱型主播可以推荐有创意、好玩、新奇的商品，这样更能吸引"年轻人"等目标群体；成熟稳重型主播可以推荐性价比高的商品，这样有助于赢得目标群体的信任。

3. 主播的专业素养

除了主播的政治素养、形象素养外，直播电商主播要想成功地通过直播实现带货，就必须具备直播带货所需的专业素养，主要包含以下三方面的能力。

（1）商品讲解能力。直播电商主播需要通过自己在直播过程中对商品的讲解促成交易，实现销售，因此主播需要具有一定的商品讲解能力。这一能力的实现需要主播熟练掌握商品的基础知识，全面了解商品信息，清楚商品卖点，讲解商品时能够突出商品亮点，灵活运用专业词汇为品牌背书，并延伸话题，将商品代入各种应用场景中，从而提升用户信任度。

（2）商品带货能力。直播电商主播在直播过程中承担的是销售者的角色，因此需要具备一定的商品带货能力。对于直播电商主播而言，商品带货能力不是一蹴而就的，而是需要在实践过程中循序渐进地进行提升，主要分为以下三个阶段。

1）新手主播阶段。侧重于执行，新手能保证顺利开播、完播，不违规且能有一定程度的直播数据，有一定销售额。

2）中期主播阶段。自己规划直播节奏，和运营完美配合，能通过营销话术吸引直播间粉丝下单，能创造一个比较好的直播数据，部分商品能爆单。

3）成熟主播阶段。偏战略型和管理型，能根据直播间的实时数据反馈动态调整直播节奏及相关话术，且各项直播数据都很优秀。

（3）直播控场能力。直播间控场的目的是根据直播流程，在从冷启动到人气增长再到人气稳定的过程中，把控好直播间的氛围，控制直播的节奏，引导用户互动，进而促成用户下单。

4. 主播的其他素养

（1）灵活应变能力。直播电商主播是一种特殊形式的销售人员，他们不仅要会推荐商品，更要能快速解答用户的各种提问。即使主播前期的准备工作做得再充分，直播过程中也难免会发生突发状况，这时就需要主播具有一定的灵活应变能力，保持冷静、沉稳，机智地进行应对，这样才有利于提升用户的信赖感。

（2）语言表达能力。主播要想获得用户的认可和支持，必须具有良好的语言表达能力，说话要具有亲和力、感染力,并且尽量打造自己的语言特色,用语言来调动直播间的气氛。

1)语言要有亲和力。亲和力是人与人之间沟通交流的一种能力,直播行业中的知名主播大多具有很好的亲和力,在直播中热情地对待每一位用户,就像真诚地对待自己的朋友一样。

2)积极互动,有效沟通。主播与用户互动交流时要抒发真情实感,对用户说的话进行逻辑分析,探究用户的真实意图。运用语言表达进行有效的沟通,可以避免引起用户的质疑甚至反感,导致用户流失。

3)表达内容丰富。要想满足庞大的直播用户群体的需要,直播内容必须丰富,因此主播要具有内容创作能力,且内容要有内涵、有趣味。主播运用自己的专业知识从多方面阐述商品的优势,传递商品的价值,从而赢得用户的信任与追随,最终引导用户完成交易。

(3)良好的心理素质。对于直播电商主播来说,在直播过程中总会遇到一些突发情况,这时需要主播具有强大的心理承受能力,能够理智、冷静地应对用户不同的声音,在受到各方面的压力和挫折时能够快速调整自己的心态,善于疏导自己的心理,并能反思自我。

活动三　带货主播的培养方式与职业发展认知

直播带货就是通过直播的方式来销售产品,是电子商务在垂直领域的一个拓展。用直播的形式带货,使电子商务更具有真实性和可控性,更容易让观众产生消费行为。电商主播职业化认知非常有必要,因为只有把直播当成职业的人才会用心探索,才能发展成长。

1. 主播的培养方式

网络主播正在向新职业迈进,带货主播培养方式有MCN机构培养和商家自主培养两种。

(1)MCN机构培养。MCN机构是服务于新的网红经济运作模式的各类机构总称,为网红和自媒体提供内容策划制作、宣传推广、粉丝管理、签约代理等各类服务。MCN机构对于各平台的规则都很了解,能帮助网络红人在平台更好地运营自己,提高直播、短视频质量,帮助网络红人获取更多的流量和关注度,获取更为庞大的粉丝群体,以此来实行流量变现,从而达到盈利的目的。MCN机构就像是一个中介公司,上游对接优质内容,下游寻找推广平台变现。

(2)商家自主培养。商家培养自己的网红主播是必然趋势。①作为企业员工的主播更加了解产品,更加专注于产品的诠释;②公司可以倾力为主播引流、维护粉丝,保证了主播的粉丝质量;③主播作为企业员工,其基本收益可以得到保证,让他们有更多时间钻研话术和销售技巧;④节省了坑位费,它是直播带货中占比较大的一笔费用,一般交给主播或主播所在的团队。

商家自播是指商家使用自己的品牌或店铺账号，在自己的直播间进行的直播带货行为。一般来说，很多电商行业中的中小企业普遍会选择这一方式。

商家自播的优点在于，商家负责人对自身店铺的商品定位以及商品属性有着比旁人更为深入的了解，因此在直播过程中能够更加详尽地介绍商品信息，并且会对直播投入大量的精力；缺点在于由于商家负责人的个人精力有限，且直播能力也因人而异，直播效果难以预料。

商家自播可以由商家自己（或 MCN 机构）培养的主播进行，也可以由商家负责人出镜参与。

2. 主播的职业发展

2020 年 7 月，人力资源和社会保障部、国家市场监督管理总局、国家统计局联合发布了互联网营销师等 9 个新职业。其中，在"互联网营销师"职业下增设"直播销售员"工种，带货主播成为正式工种。"直播销售员"工种的出现，让这个行业更加规范化、专业化。

现在线上有海量的直播间，创造了主播、助播、选品、脚本策划、运营、场控等多种新就业岗位，这些职业已逐渐进入主流行业当中，标志着互联网营销逐步向正规化迈进。

直通职场

直播销售员——具有价值潜力的网络营销岗位

人社部、中央网信办、国家广播电视总局共同发布了互联网营销师国家职业技能标准。直播销售员就业前景良好，在数字经济时代，每个人都在通过网络发挥自己的巨大潜力，都可以看到 5G 时代对人们生活的影响。作为互联网行业紧缺的复合型人才，直播销售员平均招聘薪资远高于传统行业。直播销售员将是具有价值潜力的网络营销岗位，是利用网络的互动性和公信力，在数字信息平台上对企业产品进行多平台营销推广的人。企业要搭建数字化营销场景，通过直播或短视频等方式对产品进行多平台营销推广；提升自身传播影响力，加强用户群体活跃度，促进产品从关注到购买的转化率。

模块总结

本模块系统介绍了直播团队组建与主播定位的基础知识，通过学习，同学们应了解带货主播应具备的职业素养，掌握直播间定位的基本原则与 IP 打造方法，熟悉直播电商团队的岗位职责及人员配置，从而具备定位直播间、打造企业 IP、组建直播团队、提升主播职业素养的能力；坚持正确的政治、舆论和价值取向，遵守从业人员职业道德的基本要求，并初步具有建立良好职业生涯发展规划的意识。

> **素养提升课堂**

专注推广阅读，塑造主流舆论价值观
—— 一个带货主播的社会担当

2020 年 3 月，某著名节目主持人，涉足电商直播，在抖音直播推荐图书，粉丝迅速突破 1 000 万，当年被评为抖音"卓越作者奖"。2021 年"抖音 618 好物节"，这位主持人的"亲子图书专场"开播两场，共带货 127 件，总成交达 1 563 万元，创造书籍带货纪录。此直播间成立了 10 余人的选书团队，严把图书质量关、导向关，把真正有价值的、适合青少年身心成长的好书推荐给读者。直播间经常邀请国内知名作家开展访谈活动，引导正确的阅读导向。

如今，这名主持人已经从电视主持人转行成为电商主播，建立了 100 多人的商业团队。成为一个优秀的主播需要积累和经验，静下心来做好基本功在任何一个时代和行业都是必需的。

案例分析："网络空间天朗气清、生态良好，符合人民利益。网络空间乌烟瘴气、生态恶化，不符合人民利益。"作为一名网络主播，应当积极响应号召，坚持正确政治方向、舆论导向和价值取向，树立正确的世界观、人生观、价值观，积极践行社会主义核心价值观，崇尚社会公德、恪守职业道德、修养个人品德。网络主播应当自觉加强学习，掌握从事主播工作所必需的知识和技能，对粉丝和用户进行正确的价值引导。

赛证融通

一、单选题

1. 主播的形象素养不仅指主播所展现的仪容仪表，还包括所选的商品要和自身的形象气质相契合，主要包括（　　）。

  A. 主播的妆容　　　　　　　　B. 主播的着装

  C. 主播的礼仪　　　　　　　　D. 以上答案都正确

2. （　　）要负责执行直播策划方案，相当于直播的现场"导演"，在策划人员和主播之间进行协调。

A. 主播　　　　　　　　　　B. 副播

　　　C. 场控　　　　　　　　　　D. 运营

3. 直播团队人员有1名主播、1名运营人员和1名策划人员，这种直播团队配置属于（　　）。

　　　A. 基础团队　　　　　　　　B. 个人直播

　　　C. 标准团队　　　　　　　　D. 成熟团队

二、多选题

1. 直播电商主播的类型分为（　　）。

　　　A. 导购促销型　　　　　　　B. 娱乐搞笑型

　　　C. 技能专家型　　　　　　　D. 明星网红型

2. 主播在直播工作中应做到（　　）。

　　　A. 遵守国家相关法律法规　　B. 关注社会热点

　　　C. 主播只需要注重自己的业务能力　　D. 引导正确舆论

3. 除了直播的政治素养、形象素养外，直播电商主播还要具备（　　）。

　　　A. 商品讲解能力　　　　　　B. 一定的学历

　　　C. 商品带货能力　　　　　　D. 直播控场能力

4. 直播间要定位的原则包括（　　）。

　　　A. 垂直原则　　　　　　　　B. 价值原则

　　　C. 差异原则　　　　　　　　D. 持续原则

三、判断题

1. 技能专家型主播本身自带流量，分为娱乐型主播、才艺型主播、颜值型主播、幽默型主播等，这类主播靠个人魅力吸引忠实的粉丝，自带光环，进而与商品相关联，形成流量转化。　　　　　　　　　　　　　　　　　　　　　　　　　　　　　　　（　　）

2. 主播只能通过专门的孵化机构培养。　　　　　　　　　　　　　　（　　）

3. "直播销售员"是"互联网营销师"职业下增设的一个工种。　　　　（　　）

4. 企业对直播的投入，本质上也是对品牌IP的打造。　　　　　　　　（　　）

5. 一些规模较大的直播团队，会专门设置副播岗位，一些小的直播团队可以没有副播岗位。　　　　　　　　　　　　　　　　　　　　　　　　　　　　　　（　　）

模块三 直播间的"搭"与"建"

模块三 直播间的"搭"与"建"

学习目标

知识目标

1. 了解常见的直播场景及场景布置方法;
2. 熟悉直播硬件设备的特点及灯光的使用方法;
3. 熟练掌握直播 App 及直播伴侣软件的操作流程。

技能目标

1. 具备根据产品属性规划与设计直播间的能力;
2. 具备熟练使用直播各类设备、道具搭建直播场景的能力;
3. 具备使用直播 App 或直播伴侣等工具进行直播的能力。

素养目标

1. 培养绿色、低碳、环保的可持续发展理念;
2. 培养创新意识,提升东方美学素养,提高审美能力。

情境引入

艾特佳电商公司已经聘请了主播小凡和运营小珂，并初步组建了直播团队，现在再搭建好一个适合产品销售场景的直播间就可以正式开播了。总监小冉要按照公司预算，购置各种直播设备，并进行灯光调试和场景布置，使直播间的风格与产品的特点和用户的喜好深度结合。同时，总监小冉还要求团队成员熟练掌握直播平台 App 及直播伴侣软件的使用流程，这样才能在接下来的直播带货中做到游刃有余。

任务一　直播间规划与设计

任务描述

工欲善其事，必先利其器。

直播间的搭建非常重要，它决定了用户对我们的第一印象。要想将直播间装修得既专业又美观，那么搭建直播间的时候，要综合考虑产品的特点、直播间的面积、直播间道具及灯光的布置等方方面面的问题。艾特佳电商公司现在就要开始搭建一个既专业又美观，而且能提升用户购物体验的直播间。

任务实施

活动一　了解常见的直播间类型

一提到直播带货，大多数人会联想到主播拿着样品在室内进行讲解，其实我们可以选择多种直播场景进行带货。直播间可以搭在户外、仓库、办公室等，还可以利用绿幕进行虚拟直播。还有一些直播间，比如销售饰品、玩具、手机壳等产品的直播间，主播可以不露脸，只露一双手在镜头前操作。无论什么样的直播间类型，其核心作用都是增强消费体验，通过画面告诉观众"我的直播间是做什么的"，勾起用户的购买欲望。

直播间营造的场景是提高第一阶段留存率的关键。按照场景的不同，可以将直播间分成四种类型：现场加工型直播间、原产地型直播间、工厂型直播间、门店型直播间。

1. 现场加工型直播间

一些食品类、加工类等具有生活气息的直播间，可以让粉丝有机会近距离地观看产品加工过程。这种操作型直播间非常解压，再加上平台对三农内容有流量扶持，所以这类直播间往往容易受到平台推荐。现场加工型直播间如图 3-1 所示。

2. 原产地型直播间

原产地型直播间就是在知名产品的正宗产地进行直播带货。相比于直播间直播，原产地直播的优势是可以让观众通过手机屏幕零距离地观看到原产地的产品，场景真实直观，进而降低信任成本。

例如，全国很多县长甚至市委书记做直播介绍当地的特产，产品会卖得非常好，原因就是场景真实，大家能看到原产地。某副县长在山上直播卖橙子，身后就是满山的果树，消费者可以直观地看到橙子的生长环境，极大地增加了消费者的信任感。原产地直播如图 3-2 所示。

图 3-1　现场加工型直播间

图 3-2　原产地直播

3. 工厂型直播间

工厂型直播间就是指在车间、生产线旁边进行直播带货活动。直播间设在工厂车间、流水线旁边,给用户直播产品的生产流程。整个过程让用户看得清清楚楚、明明白白,增强了用户的安全感、信赖感,从而增加销量在工厂带货可以给消费者量大便宜、工厂直供、企业有实力、供应链稳定的感觉,更容易让用户下单购买,工厂直播如图3-3所示。

4. 门店型直播间

门店型直播间就是在实体店的门店里进行直播。这类直播容易上手,涵盖类目广,直播间数量也是最多的。有的实体店一边线下卖货,一边线上直播。比如卖服装的店铺,在门店进行直播时会告诉消费者:"我们做了×年,在全国有×家分店,年销量×件。"消费者看到商品陈列,与商家实时互动,增加了信任感,门店直播如图3-4所示。

图3-3 工厂直播

图3-4 门店直播

活动二 直播间场景规划与设计

用户刷到一个直播,首先映入眼帘的就是直播间的场景。优质的直播场景会吸引用户愿意进去逛一逛,设计精美的场景能够让用户逛的时候愿意多逛一会儿,也就是用户的停留时间会更长,这就增加了用户关注直播间或下单购买的机会。用户的停留时间是衡量直播间权重的重要指标。直播间的权重越高,说明直播间流量越大,平台会推荐更多的用户来到直播间,也就有更多的用户关注直播间或者下单购买,从而形成一个良性的循环。

1. 直播间场景规划与设计要点

直播间场景可以强化直播产品的调性，无形中增加用户的信任，直播间场景如图 3-5 所示。直播间场景规划与设计可以从以下几个方面着手。

图 3-5　直播间场景

（1）规划直播间大小。一个优秀直播间的标准是：饱满而不拥挤。既能让用户感受到直播间的丰富和视觉上的舒适，又不至于太过拥挤。直播场地的大小要根据直播的内容进行调整，控制在 5～20m²。如果是美妆直播，5m² 的小场地即可；如果是穿搭、服装类的直播，要选择 15m² 以上的场地。

直播间隔音设置也是非常重要的一个方面，在搭建初期就要考虑好。如果直播间不是太大，相对比较安静，只需要在地板铺上吸音毯，避免回音。如果直播间较大，墙壁光滑有回音，就需要在墙壁上布置吸音棉，加强隔音效果。

（2）设定直播间风格。直播间的整体风格决定了用户的第一观感。直播间的风格与产品品类、品牌调性、主播人设、用户群体等都是息息相关的，在确定直播间风格的时候要综合考虑这些因素。如果产品的用户群体为年轻女性，主播人设也是可爱风格的，就可以使用粉色系、紫色系、梦幻系风格；如果产品的用户群体为男性，则可以使用偏科技感的深色风格。在确定直播间风格的时候，要多多借鉴同品类的直播间风格。

（3）布置直播间背景。确定大小和风格之后，要对直播间进行适当的面积划分和设计，考虑每个部分需要放什么物品，衡量在镜头里呈现的效果。直播间的背景不要过于花哨，整体建议使用浅色系，如浅灰色、灰色等，可以使用带有图案的壁纸、墙布等，延伸视觉空间，提升直播间调性。实物展示背景如图 3-6 所示。

（4）划分直播间区域。直播间通常划分为直播区（见图 3-7）、货品陈设区（见图 3-8）和其他活动区（见图 3-9）。直播区是直接出现在观众屏幕里的区域。货品陈设区部分出现在画面中，在镜头前或在主播身后作为背景；部分在画面外，放置直播需要的样品。

其他活动区指的是不入镜的区域，比如运营人员的操控区，在规划装饰的时候要保持这块区域的干净和整洁，防止影响现场直播活动。

图 3-6　实物展示背景

图 3-7　直播区

图 3-8　货品陈设区

图 3-9　其他活动区

党的二十大报告指出："推动绿色发展，促进人与自然和谐共生。""倡导绿色消费，推动形成绿色低碳的生产方式和生活方式。"这就要求我们在直播间装修过程中要注意使用环保材质，并节约资源、避免浪费；道具物料尽量重复多次使用，同时减少不必要的灯光照明。

2. 直播间场景规划与设计案例

（1）服装类直播间场景打造。服装类直播间因为需要主播进行试穿展示，所以这类直播间一般要在 15m² 以上，背景可按照使用场景来打造，货架也可以出现在画面中。让用户进入直播间后，有一种进入商场挑衣服的感觉，增强代入感和购买欲望。服装类直播间打造举例如图 3-10 所示。

（2）美妆类直播间场景打造。美妆类直播间一般都是取近景，所以直播间面积 5m² 就可以，背景也可以直接用背景纸。在这类展示小物件的直播间，桌面物品的摆放是关键，一方面要方便直播拿取，另一方面也要彰显产品的丰富性和专业性。美妆类直播间场景打造举例如图 3-11 所示。

（3）农产品直播间场景打造。农产品直播最好就地取景，打造真实的原产地场景，直播间设在地头、果园，新鲜取材直播。也可以同步打造一个室内直播间，背景展示整洁干净、原生态、能体现地方特色的直播间会增强"种草"效果，激发购买欲望。农产品直播间场景打造举例如图 3-12 所示。

图 3-10　服装类直播间场景打造举例

图 3-11　美妆类直播间场景打造举例

图 3-12　农产品直播间场景打造举例

任务二　直播场景搭建

任务描述

器欲尽其能，必先得其法。

即使装修了专业又美观的直播间，购置了先进的设备，如果不能熟练掌握直播硬件的使用方法，不熟悉直播软件的功能和操作流程，直播的效果也会大打折扣。艾特佳电商公司运营专员小珂需要在初期资金有限的情况下，充分了解直播间所需设备的各自特点，购置最适合的直播设备，并迅速熟悉直播软件的基本操作流程，为以后开展直播带货做准备。

任务实施

活动一　直播硬件设备选择

直播运营人员要想做好直播，带给用户良好的体验，就要优选直播设备，并将各种设备调试到最佳状态。直播需要的设备很多，主要包括拍摄设备、音频设备、灯光设备、其他设备等。不同场景的直播间，需要的设备也不尽相同。

我们以常见的室内直播场景为例介绍直播需要的设备。室内直播通常适合一些对光线需求强、细节展示要求高的产品，如服装、美食、美妆等。室内直播所需设备主要有以下几种。

1. 拍摄设备

（1）手机。专业的拍摄设备一般价格昂贵，操作也相对复杂。对于新手商家来说，对拍摄技巧或摄影知识并不是很熟悉，所以可以从手机拍摄入手。现在手机的拍照功能都十分强大，目前市场上的主流机型都能够满足日常拍摄的需要。

在选购直播手机时，主要考虑三个因素：像素、内存和性能。由于直播推流对硬件要求高，要尽量选择像素高、内存大且性能稳定的手机进行直播。另外，手机是否支持5G网络、续航能力是否足够强大，对直播效果也会产生影响。

（2）摄像头。如果用电脑进行直播，则需要高清的摄像头（如图3-13所示）。直播摄像头用于实时拍摄和传输视频内容，通常与电脑、手机或其他设备相连，并配以相应的直播软件，通过互联网进行直播。直播摄像头具有以下几个特点。

1）摄像头画质清晰，价格比摄像机要低，性价比较高。

2）直播摄像头可以光学变焦，可以拉近拍产品特写，有不同的透视关系。

3）摄像头通过电脑直播，可以实现绿幕直播、多机位直播等，操作相对灵活。

（3）摄像机。摄像机（如图3-14所示）也是一种较为常用的拍摄设备，价格相对比较昂贵。一般应用于对画面要求比较高的直播间，如美妆类直播间。摄像机具有以下优点。

图 3-13　摄像头

图 3-14　摄像机

1）清晰度高。摄像机通常具有高分辨率和高帧率，可以提供更清晰的画面。

2）操作方便。摄像机通常设计简单易用，使用起来相对便捷。

3）多功能性。摄像机通常具有多种功能，如自动对焦、光圈调节、白平衡等，可以满足不同的拍摄需求。

4）实时传输。摄像机可以通过网络实时传输图像，方便远程观看。

5）支持远程控制。一些摄像机支持远程控制，用户可以通过手机或电脑进行控制和监控。

摄像机具有以下缺点。

1）价格相对较高。

2）功能过于复杂。有些摄像机的功能过于复杂，需要一定的专业知识才能进行操作。

2. 音频设备

音频设备能让直播间里的声音更"好听"，有助于增加粉丝的留存率。直播过程中清晰、辨识度高的声音是很重要的要素。很多拍摄设备都自带音频设备。为了获得更好的声音效果，也可以根据需要单独购置一些音频设备。常用的直播音频设备包括以下几种。

（1）领夹麦克风。麦克风就是传音器。主播直播时多采用无线领夹麦克风，如图 3-15 所示，其特点是小巧轻盈，长时间戴在衣领不会导致衣领变形，非常美观。

图 3-15　无线领夹麦克风

设备支持高清音质，配有高灵敏度咪头，具有环境降噪功效，收音更细腻、清晰，记录声音的每个细节。部分设备还支持 50m 远距离传输，为直播、录音提供便利。

（2）动圈式麦克风。动圈式麦克风（如图3-16所示）是利用电磁感应原理做成的麦克风，利用线圈在磁场中切割磁感线，将声音信号转变为电信号。动圈式麦克风功能稳定、音质好，适合室外直播时使用。直播时还可以加配防喷罩，不仅能够过滤杂音，还能避免湿气进入麦克风。

（3）直播声卡。直播声卡（如图3-17所示）全称为直播声音输入输出设备，也称为音频接口或声卡转换器。它主要负责将音频信号从麦克风输入，经过处理和放大后，再通过扬声器或耳机输出。同时，直播声卡还具备噪声抑制、声音美化等功能，可以为直播带来更好的音质效果。

图3-16　动圈式麦克风

图3-17　直播声卡

3. 灯光设备

灯光是直播间的灵魂，是决定整个画面质量的关键因素之一。晚上进行直播的时候，普通室内光的亮度是不够的，视频中呈现的效果会比较差，为了保证更好的拍摄效果，各种灯光器材必不可少。好的灯光设备可以弥补摄像设备的不足。直播灯分为环形灯（如图3-18所示）、方形灯（如图3-19所示）和球形灯（如图3-20所示）。

直播间场景灯光优化技巧

图3-18　环形灯

图3-19　方形灯

图3-20　球形灯

4. 其他设备

（1）电脑。简单的个人直播，用手机就可以进行。如果想让直播更流畅，就需要用电脑端来推流。电脑的配置不能太低，尤其是内存及显卡的配置要相对较高，否则会在直播的过程中出现画面卡顿、噪点等情况。

（2）网络。网络也是非常重要的，如果直播间网络不好，直播的时候经常卡顿，会影响用户的观看体验。为保证用户的观看体验和直播的流畅度，建议配备下行 100M 以上、上行 20M 以上的宽带网络。

（3）自拍杆。室外直播时，使用自拍杆能够延长拍摄距离，使直播画面更加完整，更加具有空间感。就室外直播而言，带美颜补光灯的自拍杆和能够多角度自由翻转的蓝牙自拍杆更受欢迎。自拍杆如图 3-21 所示。

图 3-21　自拍杆

（4）移动电源。很多直播设备都是需要用电的，而室外不像室内那样充电方便，所以做室外直播需要配备移动电源，以便随时给直播设备补充电量，避免影响直播的正常进行。

力学笃行

直播带货设备的选择与管理

新手刚开始做直播时不需要太复杂、太专业的设备和工具，够用就行。如果对设备不熟悉，操作不熟练，准备太多的设备和工具反而是一种负担。

要爱护设备和工具，做好维护工作。下播之后，设备要分类放置，防止串用，否则下次直播时还需要重新调试。要及时为设备如直播手机、话筒等充电，否则下次开播时发现设备没电就会很麻烦。

活动二　直播间背景布置与物料摆放

1. 直播间背景布置

（1）直播间背景颜色。直播间装修第一步，就是要选对背景色。直播间避免使用白色背景，不能用反光的墙布，因为容易反光。当灯光打多了，光线就会反射到人身上，画面就会发黑，这和逆光拍照画面特别黑的原理是一样的。蓝色和黄色会影响手机识别的色温，会造成识别不准。可以选择浅灰色、浅粉色等明亮而不刺眼的颜色作为背景，以营造舒适的观看体验。

（2）直播间背景装饰。直播间背景应根据直播主题来确定，营造出与产品相符的氛围。直播间背景不宜过于花哨，可以用带有图案的墙纸、壁布等，延伸视觉空间，提升直播间调性。直播间背景纸如图3-22所示。

除了背景墙纸、壁布外，直播间背景还可以用LED显示屏、活动海报或者实物展示货架，这些都能够明确直播主题，并且可以很好地烘托直播的气氛。头部主播的直播间会使用科技感十足的LED显示屏、可移动背景墙。专业级的直播间背景墙基本采用Logo（徽标）+道具+灯光的方式；低成本的背景墙可以使用纯色刷漆墙壁、不反光贴纸、直播背景板等。直播背景墙如图3-23所示。

图3-22　直播背景纸　　　　　　　图3-23　直播背景墙

（3）背景布置技巧。以下两个技巧可以让直播间在视觉上变得更大一些。

技巧一：主播站在房间的对角线上，画面会得到很好的纵深效果和立体效果，还可以吸引用户的视线，让房间显得动感有活力，起到烘托主题的作用。此技巧一般应用于服装、鞋帽类目直播间。房间的对角线直播如图3-24所示。

技巧二：可以在背景中的置物架上放一些体现主播风格品位的书籍，或者自己卖的产品等。但要注意货架上陈列的物品要摆放整齐，这样比较容易增加用户的好感，使整个画面显得更加充实。直播间置物架如图3-25所示。

图 3-24　房间的对角线直播　　　　图 3-25　直播间置物架

2. 直播间物料摆放

直播间的物料主要包括展示用的商品及周边商品、宣传物料、饰件等。直播间的物料应摆放整齐,根据直播意图和直播间场地的大小摆放在不同的位置。

(1) 商品摆放。商品是电商直播中的主角。食品、珠宝首饰、化妆品等小件商品一般可摆放在主播面前的陈列台或陈列桌上,让用户一进入直播间便可以了解主播主推的商品,如图 3-26 所示;针对包装可拆的小件商品,可以将包装拆开,直观地展示商品的款式、色泽等细节,如图 3-27 所示。对于服装等大件商品,可以将其陈列在主播的身后或两侧,如图 3-28 所示。

图 3-26　直播间食品的摆放　　图 3-27　直播间化妆品的摆放　　图 3-28　直播间服装的摆放

（2）宣传物料摆放。宣传物料的类型比较丰富，包括黑板、白板，以及电子屏、海报、贴纸、胸卡、气球等一系列用于展示文字、图片信息的道具。图3-29所示为用电子屏展示直播间产品信息，图3-30所示为通过贴纸展示宣传信息，图3-31所示为通过海报展示宣传信息。

图3-29　直播间电子屏的使用　　图3-30　贴纸的使用　　图3-31　海报的使用

（3）饰件摆放。如果直播间空间较大，可以放置一些玩偶、壁画等饰件，以丰富直播场景。饰件应与商品特性相匹配，如图3-32所示。

图3-32　饰件的摆放

模块三 直播间的"搭"与"建"

> 力学笃行

农产品直播场景打造

无论是传统电商还是直播电商，场景和表现力都非常重要。农产品电商的"场"即农村，例如，"我在农村做美食""我在农村养萌宠""我在农村养鸡养鸭"之类的农产品短视频作品均以农村为场景。

在观看直播和短视频时，绝大部分用户都会被自己没有见过的事物所吸引。例如，有人直播用鸡腿钓螃蟹，直播间里有几万名观众，这主要是因为他们在现实中没见过这种事情。对久居城市的人们来说，生产农产品的田间地头、猪圈鸡舍可以是"场"，农作物、家禽家畜的生长过程也可以是"场"，农村美食的制作过程还可以是"场"。为农产品电商设计场景时，我们只需要回答一个问题：我们能在农村这个场景中做什么？只要找到了这个问题的答案，就找到了最适合自己销售的农产品的"场"。

活动三　直播间灯光使用

直播间的环境光是非常重要的，直接影响直播效果。灯光按照位置和作用不同，分为主光、顶光、辅助光、背景光。直播间灯光布置如图 3-33 所示。

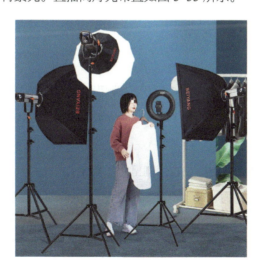

图 3-33　直播间灯光布置

1. 主光

主光是用来描述被拍摄物体外貌、形态的主要光源，一般在主播的前方，同镜头构成一定的角度，突出重点。主光决定着画面的主调。在布光时，只有确定了主光，添加辅助光、背景光和轮廓光等才有意义。

（1）摆放角度。主光应放置在主播的正面，与视频摄像头上的镜头光轴形成 0°~15° 夹角。

（2）呈现效果。从主播正面照射的光充足均匀，使主播的面部柔和，起到磨皮美白的效果。

（3）注意事项。关于主光源的使用，建议使用球形灯，因为球形灯打出来的光最柔和。

2. 顶光

顶光是次于主光的光源，从头顶位置照射，给背景和地面增加照明，同时能加强瘦脸效果。顶光把直播间的整个环境提亮，会让环境看起来更加舒适。

（1）摆放角度。顶光位置离主播最好不要超过 2m。

（2）呈现效果。能让主播的颧骨、下巴、鼻子等部位的阴影拉长，从视觉上拉长脸部轮廓，达到瘦脸的效果。

（3）注意事项。通过亮度/对比度调节，避免光线太亮使面部出现过度曝光和部分过暗的情况。

3. 辅助光

辅助光即辅助主光的灯光，主要用于改善阴影面的层次与影调。一般在布光时均要加置辅助光。在直播中，可以通过调节辅助光增加整体立体感，起到突出侧面轮廓的作用。

（1）摆放角度。辅助光从主播左右两侧呈 90° 照射。

（2）呈现效果。在左前方 45° 照射的辅助光，可以使面部轮廓产生阴影，打造立体质感。从右后方 45° 照射的辅助光，可以使后面一侧的轮廓被打亮，与前侧光产生强烈反差，更利于打造主播整体造型的立体感和质感。

（3）注意事项。光亮度不能高于主光，不能产生光线投影，不能干扰主光正常的效果。

4. 背景光

背景光又称为环境光，主要用于为背景照明，使直播间的各点照度都尽可能统一，起到让光线均匀的作用。如果背景比较暗，就要打好背景光。

（1）摆放角度。背景灯光应采用低光亮、多光源的方法布置。

（2）呈现效果。它的作用是均匀室内的光线、在美化主播皮肤的同时，保留直播间的完美背景。

（3）注意事项。背景光的设置要尽可能简单，切忌喧宾夺主。

力学笃行

数字营销时代的直播带货"人货场"理论

"人货场"理论是目前互联网营销中常用的理论之一，在不同层面上有不同的理解。从电商直播带货的执行层面上来说，人、货和场指的是直播带货中最为重要的三个因素，分别对应直播带货的人、直播销售的产品以及直播销售的场景。

1. 人

人主要指的是直播中的主播等人员，是直播带货的中心。再好的产品也需要人去讲解和展示，要不然就不会有人了解它，并加以购买。因此主播要深入了解产品的基础知识、特点、优惠活动、使用人群、产品体验等信息，才能让观众有所信服，并且产生一定的权威感。主播还要认真经营有亲和力的人设，并且学习消费者心理，钻研销售技能，才能在直播行业里站稳脚跟，成长为一名优秀的带货主播。

2. 货

货主要指的是直播中的产品及供应链。在直播带货竞争中，"货"是最重要的因素，好的产品是关键。高质量的产品配上有吸引力的价格就形成了产品的核心竞争力。直播带货表面上拼的是流量，本质上拼的还是产品和供应链。

3. 场

场主要指的是直播中直播间的背景布置与装修，为消费者营造的消费环境和使用场景。每个直播间的氛围和气场都是不一样的，直播间的搭建一定要符合主播和产品的风格，充分体现出直播间的优势，解决线上导购不立体、观众没有参与感的问题。

数字营销时代，"人货场"的关系发生了巨大变化。一场成功的直播带货，既离不开优秀主播的专业介绍，也离不开具有竞争力的产品和精心设计的场景，是人、货、场共同努力的结果。

任务三 熟悉直播操作流程

任务描述

操千曲而后晓声，观千剑而后识器。

为了能在直播过程中做到得心应手，艾特佳电商公司运营小珂现在的任务是为直播做好充足的准备工作，以抖音作为主要运营平台，开通直播功能，学习使用直播伴侣软件，并指导新进主播小凡培养镜头感，以便在直播中施展自如。

任务实施

活动一 App 直播操作流程

当前，抖音、快手、淘宝等 App 都提供了非常强大的直播功能，界面操作也非常友好，商家或个人可以非常方便、快捷地使用 App 进行直播。下面以抖音为例介绍 App 直播的基本操作。

（1）打开抖音 App，登录后进入"我"的页面，点击选择三条杠，点击并进入"抖音创作者中心"页面，如图 3-34 所示。

（2）在"抖音创作者中心"页面，在工具服务中点击并进入"主播中心"，如图 3-35 所示。

图 3-34 抖音 App "我"页面

图 3-35 "抖音创作者中心"页面

（3）在"主播中心"页面，点击右上角的"去开播"，如图3-36所示。

（4）进入"开始视频直播"页面，进行直播标题、封面、位置、内容的基础设置，如图3-37所示。

图3-36 "主播中心"页面

图3-37 直播标题等基础设置

（5）添加直播间要代销的商品、小程序、团购、活动等链接，一切准备就绪后，如果已经获得直播权限，就可以点击"开始视频直播"了，如图3-38所示。

图3-38 添加商品、团购等链接

活动二　PC 端直播操作流程

1. 直播伴侣软件介绍

随着直播行业竞争的日趋激烈，许多商家想要在直播间增加一些特殊效果，比如展示动态背景、添加宣传素材等，这些就需要在电脑端通过直播伴侣软件实现。直播伴侣是一个很实用的直播助手。不同的平台会有不同的直播伴侣软件，例如快手直播伴侣、企鹅直播伴侣、斗鱼直播伴侣、火山小视频直播伴侣、花椒直播伴侣、虎牙直播伴侣、映客直播伴侣等，大家可以根据需要进行下载。下面以抖音直播伴侣为例进行介绍。

2. 抖音直播伴侣操作介绍

（1）安装与登录。在电脑上下载并安装抖音直播伴侣，启动抖音直播伴侣，选择要开播的平台。此处有两种登录方式，一种是验证码登录，另一种是使用抖音 App 扫码登录。登录后呈现的就是抖音直播伴侣的主界面，如图 3-39 所示。

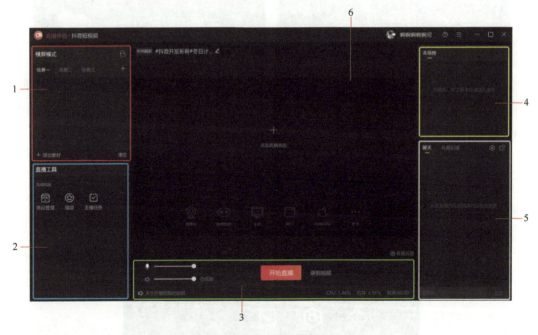

图 3-39　抖音直播伴侣主界面

注：区域 1：管理场景、添加素材、切换横竖屏；区域 2：常用直播功能；
　　区域 3：开关播控制、性能占用情况、官方公告；区域 4：直播榜单；
　　区域 5：弹幕窗口；区域 6：中央区域，直播画面采集预览。

（2）场景设置与添加素材。目前直播伴侣软件支持设置最多 5 个直播场景，在直播过程中可以根据需要进行自由切换。

在"场景一"的状态下，在主界面单击"添加直播画面"按钮即可添加该场景下的素材。素材可以是电脑全屏桌面、电脑的某一个窗口、摄像头、图片、视频或者手机中的画面，如图3-40所示。一般情况下，一个场景可以包含若干个素材。

图3-40 "添加素材"页面

需要注意的是，在进行素材添加之前应根据直播运营的需要设置好直播画面是竖屏、横屏还是双屏。一般情况下，为了用户在手机端有良好的直播观看体验，画面应设置为竖屏模式。

1）添加手机画面素材。选择"投屏（Android）"选项，弹出"安卓投屏"对话框，如图3-41所示。

图3-41 "安卓投屏"对话框

在"安卓投屏"对话框中,可以选择"有线投屏"或者"无线投屏"。例如单击"无线投屏"按钮,"解码方式""投屏分辨率""投屏帧数"等选项保持默认设置;根据"连接指引"栏中的提示在抖音 App 中进行操作。无线投屏设置如图 3-42 所示。

2)添加摄像头素材。选择"摄像头"选项,弹出"摄像头设置"对话框,如图 3-43 所示。如果使用前置摄像头,可以在"基础设置"→"背景设置"栏中选中"前景抠图";如果使用绿幕直播,可以在"背景设置"栏中选中"绿幕抠图","颜色"选择绿色色块后,拖动"相似度""平滑度"等滑块,直到完全抠除绿幕,绿幕抠图参数设置如图 3-44 所示。

商家可以根据实际情况进行"基础设置""美颜设置""美妆设置""滤镜设置""特效道具设置"等。

图 3-42 无线投屏设置

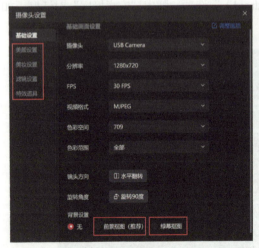

图 3-43 "摄像头设置"对话框

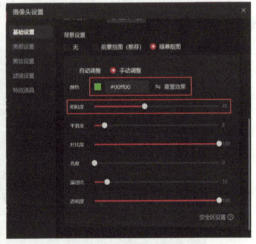

图 3-44 绿幕抠图参数设置

图片、图片幻灯片、视频等其他素材的单独添加方式类似于上述"手机画面"素材和"摄像头"素材添加,此处不再一一赘述。

3)同一场景下添加多个素材。一个场景可以包含若干个素材。我们可以在"手机画面"素材或者"摄像头"素材中再添加"图片"等其他素材。

例如通过添加图片进行背景图设置。在某一场景下，在已经添加了"摄像头"素材后，可以在抖音直播伴侣主界面左侧面板单击"添加素材"按钮，如图3-45所示，打开"添加素材"对话框。选择"图片"选项，弹出"打开"对话框，选择背景图，单击"打开"按钮即可完成背景图设置，如图3-46所示。

（3）开播设置。单击直播伴侣主界面的标题位置可以直接修改标题，单击标题右侧按钮可以打开"开播设置"对话框，如图3-47所示。这里可以设置直播封面、直播内容，同时打开定位可以开启地区榜单功能，精准的直播分类选择可能会带来更多流量。

图3-45 "添加素材"按钮

开播设置对直播非常重要，此处要尤为注意。如果无直播封面，将会限制推荐；如果不开启定位，会影响连麦推荐，同时无地区榜单；开播后可以修改以上各项。

（4）直播互动玩法。为满足直播互动的需要，直播伴侣软件将抖音直播常用的观众连线、PK连线、音乐、福袋、心愿、礼物投票等互动工具都融入软件当中。主播可以通过直播伴侣软件实现在直播间内发放福袋的互动玩法，如图3-48所示。

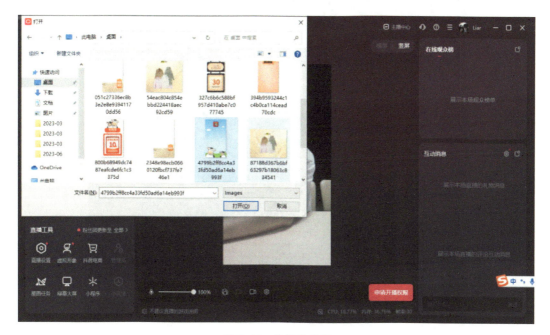

图3-46 选择背景图

图 3-47 "开播设置"对话框

图 3-48 发起抖币福袋设置

模块三 直播间的"搭"与"建"

> **力学笃行**

新技术助力企业数字化经营——抖音直播伴侣绿幕智慧大屏

抖音官方直播伴侣推出了绿幕智慧大屏功能。只需要购买一块绿幕布，就可以免费拥有更专业、更稳定的直播间画面和更加多样化的商品展现场景！

1. 什么是直播绿幕智慧大屏

绿幕智慧大屏是基于绿幕背景的直播间新型装修工具，商家／达人可以通过上传提前制作好的商品图片素材或使用官方提供的商品模板，在直播间背景中实时展示商品信息，包括品牌名称、商品名称、商品主图、直播间活动价格、商品卖点、折扣力度等关键信息，如图3-49所示。用户进入直播间后，可以更直观地了解宝贝的核心卖点及价值，看播体验明显提升，从而促进直播间商品的有效转化。

图 3-49　直播绿幕智慧大屏使用效果

2. 直播绿幕智慧大屏有哪些好处

（1）成本更低。使用平台官方推出的绿幕智慧大屏功能，无须采购专业硬件设备，几乎零成本，新手直播也可以快速上车。

（2）自定义灵活操作。既可以通过系统直接抓取商品详情页图片和关键元素、自动填充背景模板，也可以自行上传其他设计素材，一键生成背景模板，操作便捷。

（3）多种使用场景无缝切换。抖音直播伴侣提供了多种商品模板，包括新品发布、日销款、福利款、促销款等常用商品模板，可以根据直播间讲解商品的节奏随时切换和转场。

活动三 主播镜头感培养

主播的镜头感主要是指主播在镜头前的感觉，主播需要用眼睛余光感受镜头的位置，使表情、肢体语言能被镜头以最佳角度记录。作为一个优秀的主播，好的镜头感是必不可少的。

1. 镜头感培养方法

镜头感好的主播能够将最自然、生动的状态展现给观众，给人一种舒服的感觉。培养主播的镜头感可以从以下三方面进行。

（1）找到最佳的出镜比例。调整手机或摄像头的高度和角度，使手机直播画面都在镜头范围内，找到镜头准确方向，确定特有的直播有效区。主播占整个画面的比例不要超过70%，要有适当的留白。

（2）提升镜头前目光交流的频次。主播要看向镜头，才能让屏幕前的观众有对视感。主播除了用声音来传递信息，还要用肢体语言和粉丝交流情感，主播与粉丝的目光交流非常重要。主播要经常看着镜头和粉丝进行目光交流，眼神不要飘忽不定。

（3）培养主播的自信心。直播一开始，主播就要保持精神饱满，自信心十足，这才是获得良好的现场状态的基础。在直播前做好直播的规划，保持妆容精致，布置好直播间，充分了解直播内容、行情及最近的热点话题，这样可以提升主播的自信心。

2. 主播位置景别

直播间主播位置景别一般可以分为特写、全景、远景、近景和中景。

（1）特写。集中表现主播的眼神、面部表情等面部特征。

（2）全景。全景可表现主播的整体、主播与环境的关系、主播的动作，但不适宜表现具体的细节。

（3）远景。远景取主播全身镜头，展现的空间很大。

（4）近景。近景取主播胸部以上镜头，比中景更能突出地表现主播的动作及情感，能表现主播面部表情或手势的具体细节。

（5）中景。中景取主播膝盖或腰部以上镜头，中景以表现主播具体的动作为主，适合表现主播的精神面貌。

3. 直播间黄金位置景别

直播间促进粉丝下单的三个黄金位置景别，可以消除主播的距离感和压迫感，让粉丝

模块三 直播间的"搭"与"建"

更容易被主播带动下单。

（1）坐播近景。头顶留白，面部占屏幕的1/3，下方1/3留给商品，距离镜头60cm左右。主播坐播近景如图3-50所示。

（2）站播中景。主播膝盖以上，距离镜头1m左右。服装类带货直播主要以站播中景为主。主播站播中景如图3-51所示。

（3）站播远景。远景在普通直播中运用不多，服装主播使用远景可以展示全身，鞋类也可以远景展示上脚效果。主播站播远景如图3-52所示。

图3-50 主播坐播近景　　　　图3-51 主播站播中景　　　　图3-52 主播站播远景

直播要消除主播的距离感，还是以近景和中景为主。不同的直播间，主播要根据产品特点和自身情况，找到属于自己的黄金位置景别。

模块总结

本模块系统介绍了直播间软硬件的"搭"与"建"相关知识，通过学习，学生应了解常见的直播场景及场景布置方法，熟悉直播硬件设备的特点及灯光的使用方法，熟练掌握直播 App 及直播伴侣软件的操作流程，具备根据产品属性规划与设计直播间、使用直播各类设备和道具搭建直播场景、使用直播 App 或直播伴侣等工具进行直播的能力，具备绿色、低碳、环保的可持续发展理念、创新意识和东方美学素养。

素养提升课堂

数字经济与实体经济深度融合——五菱汽车线上直播的启示

五菱新能源汽车近几年线下成交一度低迷，为了激活销量，开拓新的销售渠道，五菱新能源成都体验中心 2022 年年初开始大力发展抖音线上经营策略，公司每周直播 6 天，每天 1 场，1 场 2 小时，并且坚持一周发布 4 条视频。直播间内主播对车的性能、配置等基础信息极其熟悉，面对直播间观众的提问对答如流，专业的主播形象，让直播观众快速对品牌产生信任感。

通过在抖音企业号深耕线上营销阵地，五菱新能源成都体验中心用线上流量成功解决了线下成交低迷的问题。

案例分析：党的二十大报告指出，"加快发展数字经济，促进数字经济和实体经济深度融合。"新一代信息技术与各产业结合形成数字化生产力和数字经济，是现代化经济体系发展的重要方向。五菱新能源成都体验中心利用直播、短视频等新媒体工具进行线上销售，不但扩大了销售渠道，而且充分利用数字经济为企业赋能。

赛证融通

一、单选题

1. 一些食品类、加工类等具有生活气息的直播间，可以让粉丝有机会近距离地观看产品加工过程，这种直播间属于（　　）。

　　A. 现场加工型直播间　　　　　　B. 原产地型直播间
　　C. 工厂型直播间　　　　　　　　D. 门店型直播间

2. 直播间的主导光源是（　　）。

　　A. 主光　　　　　　　　　B. 顶光

　　C. 辅助光　　　　　　　　D. 背景光

3. 能够表现主播的整体、主播与环境的关系、主播的动作的景别是（　　）。

　　A. 全景　　　　　　　　　B. 中景

　　C. 近景　　　　　　　　　D. 特写

二、多选题

1. 直播间的类型包括（　　）。

　　A. 现场加工型直播间　　　B. 原产地型直播间

　　C. 工厂型直播间　　　　　D. 门店型直播间

2. 直播间通常划分为（　　）。

　　A. 办公区　　　　　　　　B. 直播区

　　C. 货品陈设区　　　　　　D. 其他活动区

3. 除了背景墙纸、壁布外，直播间背景还可以用（　　）。

　　A. 背景纸　　　　　　　　B. LED 显示屏

　　C. 活动海报　　　　　　　D. 实物展示货架

三、判断题

1. 在实体店的门店进行直播，可以给大家直播产品的生产流程，整个过程让用户看得清清楚楚、明明白白。（　　）

2. 直播间权重更多是由直播间用户的停留时间、用户的互动率等指标来决定的，其中最重要的指标是互动率。（　　）

3. 当用户点进你的直播间，直播间的装饰决定了用户的第一观感。（　　）

4. 服装类直播间一般要在 $25m^2$ 以上。（　　）

5. 对于新手来说，可以一上来就用摄像头直播。（　　）

模块四　直播选品及供应链管理

模块四　直播选品及供应链管理

学习目标

知识目标

1. 了解直播选品的逻辑；
2. 掌握直播电商的选品路径；
3. 掌握直播电商的组品方法；
4. 理解直播电商供应链经营模式。

技能目标

1. 能够结合企业实际进行直播选品；
2. 能够科学管理直播商品供应链。

素养目标

1. 树立严谨的直播选品质量监控意识，维护良好的直播消费环境；
2. 树立义利并重的价值观，提升社会责任感与社会参与意识。

情境引入

销售额是衡量直播带货效果的重要指标。而销售额的提升，不仅与主播的职业素养有关，还与直播电商的选品相关联。艾特佳电商公司总监小冉告诉团队员工，选品既要遵循国家经济的发展趋势，也要遵循直播销售行业的底层逻辑，以满足用户消费诉求为前提，掌握科学的选品策略，选择具有优势的供应链才能提高直播间订单转化率。

任务一　直播选品

任务描述

巧妇难为无米之炊。

经过前期认真全面的准备，艾特佳电商公司的直播间搭建工作已经完成，直播团队初具规模，主播、运营、数据分析等岗位配置完毕。公司团队接下来面临的重要工作任务是根据市场需求以及公司实际运营情况进行直播选品。

任务实施

活动一　直播选品逻辑梳理

相较于平面图文、短视频等商品介绍模式，直播带货能够更加全面、立体地展示商品，通过主播讲解推荐，可以帮助消费者实现足不出户的陪伴式购物体验，用户可以边看边买，实时互动性强。直播带货突破了时间和空间上的局限性，逐步成为一种更具优势的销售模式。

直播带货的三要素分别是人、货、场，这三个要素是影响直播间商品销量的关键因素。其中"货"指的是直播间销售的商品。商品的选择是直播销售的起点，选品是很多新手直播运营公司面临的棘手问题，一旦选品失误，既影响直播间带货转化率，也会影响主播的 IP 人设。直播团队一定要善于选品，合理规划商品定价、陈列、上架顺序等，对直播间商品进行精细化的配置管理。

1. 直播选品依据

直播选品不应以主观意见为参考，不能是"我们认为有市场、我们觉得应该会好卖"，应当从市场需求出发,结合直播运营公司实际情况,选择符合直播平台要求和产品质量要求的商品。一般来讲,直播选品的逻辑依据可以从五个维度进行考虑。

(1)直播形式。根据直播的不同表现形式,可以把直播分为专场直播和混场直播。专场直播又可以分为品牌直播和单品类直播。图 4-1 呈现的是"李宁""安踏"专场的品牌直播;单品类直播是指在一个直播间专门推销和展示某一类产品,如美妆、服装、母婴产品等。"双 11""618"这种多类目直播又叫作混场直播,可以根据不同的直播形式进行直播选品。

图 4-1 "李宁""安踏"专场品牌直播

(2)直播主题。为了将更多人吸引到直播间,直播一定要有一个吸引人的主题。比如,中国人过春节都有备年货的习惯,年货具有品类丰富、组合宽度广的特点,用户接受度也非常高,以"年货节"为主题的直播间在春节即将到来的时候搜索度就会非常高,如图 4-2 所示。在直播平台的搜索栏,用户输入主题的关键字很快就能找到符合主题的商品,有利于提升直播间曝光率。

(3)账号内容定位。经营垂直内容的主播,可以根据内容垂直度来进行选品,比如,育儿类直播账号可以选择育儿相关商品,如奶粉、奶瓶、婴幼儿护肤品等;吃播类账号做美食类目的推荐;种草类账号则多选择方便快捷、物美价廉的家居日用消费品。

(4)直播间用户画像。通过短视频数据工具分析用户的画像,比如用户的手机品牌和型号、男女比例、年龄分布等。直播带货要根据用户的不同属性特征挑选符合用户需求的商品。一般情况下,用户以男性居多的直播间,可以多推荐数码、游戏产品;用户以女性居多的直播间，尤其是以年轻女性为主的直播间，可以推荐美妆、美食、服饰等相关商品。用户画像基本数据呈现如图4-3所示。

图4-2 "年货节"主题直播

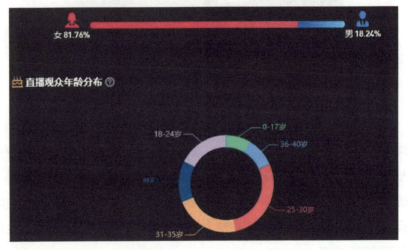

图4-3 粉丝画像基本数据呈现

（5）市场数据分析。通过市场调研或者查询直播电商平台的热销产品数据信息，有针对性地根据市场用户需求以及市场发展趋势进行选品。

商家在进行选品时要从用户的角度考虑目标群体真正需要的产品是什么，需要解决哪些痛点问题，选出符合用户需求的产品进行直播推荐能够大大提高商品的下单转化率。对于用户来说，吸引他们的永远是物美价廉的产品，性价比高的产品不用多作介绍，自然而然就会产生吸引力，而性价比低的产品即使主播介绍详尽，也难以有人问津。因此，考虑到用户需求，

模块四　直播选品及供应链管理

直播间在选品时应尽可能选择一些高性价比的产品。

我们还可以借助数据分析工具，如飞瓜数据、卡思数据、新抖、蝉妈妈等，结合直播账号的用户属性和需求，及时补充优化产品品类，满足用户需求。"新抖"数据分析平台如图 4-4 所示。

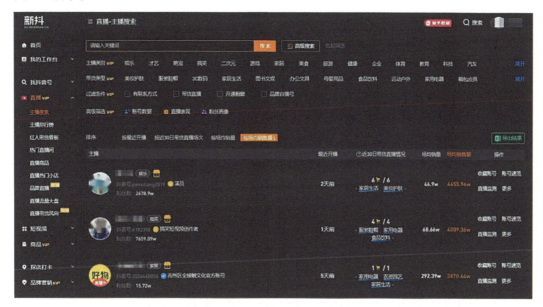

图 4-4　"新抖"数据分析平台

另外，主播还可以根据用户在互动环节提出的问题以及希望获得的商品来对选品工作进行优化。这些商品的针对性更强，在直播间的转化率更高。

2. 直播选品标准

直播电商在进行选品时要遵循严格的选品标准，要想提高直播间的商品转化率和商品销售量，选品需要经过复杂而严谨的筛选流程。商品类目繁多，哪些类目适合自己的直播间特点，哪些类目可以卖得好，这些都需要直播团队进行仔细调研和分析。一般来讲，最终进入选品池的商品要符合以下标准。

直播选品技巧

（1）商品性价比高。消费者在电商平台上购物主要是因为商品价格便宜且方便快捷。直播作为电商平台的一种营销媒介，也是如此。在直播带货过程中，性价比高的商品更容易受到用户的欢迎。高价位的商品虽然也能在直播间里销售，但很难卖得动。即使是头部主播推荐这类商品，用户也很难会立即买单。

例如，某头部主播总是让用户感觉得到了商品"全网最低价"的福利，这样不仅最大限度地保证了用户的权益，还让用户对头部主播产生了极高的信任感，因此用户的下单及复购率非常高。

商品的高性价比还体现在直播间的互动活动中，比如赠送的优惠券，尤其是大额优惠券，相当于帮助用户省钱。"物美价廉"是多数人在直播间下单的原因，所以赠送优惠券等互动活动也已经成为刺激用户消费的有效手段。

（2）商品品相好。直播带货是一种场景化的沉浸式线上销售模式，商品具有良好的品相，自然能够激发消费者的观看欲望。因此主播在选品时，要选择那些在外观、质地、使用方法和使用效果等方面能给用户带来视觉效果的商品，使直播过程充满场景感和沉浸感，提升直播间购物氛围。近年来，越来越多体积小、外观好、功能多的家用小产品开始进入直播间，消费者也愿意以更好的观感在直播间感受这些商品。

（3）商品质量好。电商直播行业曾经发生过一些因商品质量问题而引发的带货风波，这种问题不仅仅会影响主播的形象，而且会直接影响直播间的销量。对于刚刚起步的中小主播来讲，如果商品质量出现问题，会对其造成难以承受的打击。"以质为本"，直播选品的标准必然要以商品质量为核心。

（4）商品持有品牌背书。有品牌背书的商品更利于转化。品牌知名度影响着消费者的购买行为，带有品牌背书的商品更容易赢得消费者的信任。主播应当选择有一定知名度的产品，这类产品质量有保障，售后服务也可靠；还能提高直播间转化率。

（5）商品复购率高。评估主播带货能力的一条重要标准是复购率。主播选择一些复购率高、质量好的快消品，对于直播间订单转化率的提升会有很好的效果。从平台看，淘宝直播涉及的带货品类较为完善，主要是服装、美妆、母婴用品、美食、珠宝等；抖音、快手直播主要集中在性价比高的实用型产品，如时尚美妆、居家日用、女装、食品饮料、3C数码等；快手直播高性价比的无知名度商品较多，所在产业带直播比重较大。

（6）商品与热度具有结合性。与发视频蹭热点的逻辑一样，直播带货产品的选择也可以蹭热度。当前网红、明星带火的某款产品，或者是节日热度、事件热度等都是我们可以抓住的机会。不管人们是否需要这件产品，在当下那个时间，人们对产品保持了高度关注，就算不买，他们也可能会在直播间热烈讨论相关话题，提升直播间热度。此外，还可以根据短视频数据分析工具上的抖音热门产品排行榜及抖音人气好物榜来确定直播带货选品。

德技并修

坚守法律与道德底线——切勿蹭"带血"流量

党的二十大报告指出："加强全媒体传播体系建设，塑造主流舆论新格局。"新一轮信息革命的深入发展，改变着受众获取、表达信息的方式，也重塑着媒体的产业形态、内容生态。

2023年7月，受台风"杜苏芮"等影响，洪灾冲击京津冀地区，涿州救灾现场出现了一些"网红"摆拍救灾的现象，还有部分网红在牺牲救援队员家门口开直播，甚至有部分网红扎堆公路做直播致交通拥堵，让救灾现场变网红秀场，引起社会争议。

这些"网红"实际上是利用公共事件蹭流量，将救援队员付出生命代价解救群众的英勇行为当作流量密码，消费严肃的灾难和英雄人物来换取自己的热度，把人民的苦难视作"财富密码"，"带血"的流量势必被社会道德所唾弃。究其本质，这些行为背后是流量变现带来的利益驱动，在直播打赏、带货收益等高额利益的驱动下，某些网红经纪公司以虚假作秀、蹭热点、炒谣言的行为来博眼球、引流量，实现所谓的商业变现。这种行为丧失道德底线、有悖社会主义核心价值观和良好社会风尚的要求。

网络空间并非法外之地，网红、"大V"要想享受互联网带来的红利，就必须坚守法律与道德底线，遵循公序良俗，不得损害国家利益、公共利益和他人合法权益，共同营造和维护良好网络生态。直播平台要切实负起平台主体责任，加强对直播、短视频的内容创作审核。平台是第一责任人，理应守土有责、守土尽责，切实严格把好审查关、准入关，打造良好网络生态。相关部门也要不断完善政策法规，加大对直播、短视频乱象的监管力度，对这种挑战了道德底线、违背了公序良俗的行为，进行严厉整治，营造风清气正的网络环境。

活动二　直播选品路径选择

1. 直播选品渠道

（1）产品搜索。直播团队如果有明确的选品品类方向，可以使用产品搜索的方法，通过标签搜索可以快速找到所需的产品。举例来说，在抖音精选联盟中，可以通过标签筛选找到适合的产品，通过产品渠道、产品品类、销售数据、价值区间等数据，最终找到性价比相对较高的产品。

另外，这个方法也可以反向运用，就是结合爆款产品的数据，找到爆款产品的共性，结合爆款产品的优势和特点，找到更多有待开发成为爆款的产品。

（2）产品热度榜。直播团队选品时如果对产品没有特别的要求，没有品类的限制，找爆款产品就会更加容易，只需了解哪些产品比较热门，销量比较高且很受欢迎。想要短时间内搜索到这一类产品，可以借助蝉妈妈、飞瓜、卡思数据等平台查看好物榜、销量榜、访客榜、潜力榜，结合这些排行榜，选品带货就能够紧跟经济发展趋势。这种方法比较简单，而且产品都是爆款，带货的销量比较高，实现订单转化率也相对容易一些。

（3）热门品牌榜。直播团队选品时如果追求产品品质，可以关注平台公布的热门品牌排行榜。一般情况下，品牌排行榜根据品牌产品市场占有率、品牌价值、客户忠诚度等进行排序。高品质的产品不仅销量有保证，还能够给直播间带来高人气和带货口碑。

对于一些直播平台而言，会有一些特定扶持的产品，对于这些产品平台会有相应的扶持政策，直播团队在选品时可以根据自己入驻的平台优先考虑这些产品。

力学笃行

如何使用蝉妈妈进行快速选品

步骤1：打开蝉妈妈官方网站，在主页面右上角选择"领取专业版"选项，弹出抖音数据专业版"注册/登录"页面。

步骤2：在"注册/登录"页面单击"短信登录/注册"超链接，输入手机号码和验证码后，单击"登录/注册"按钮。

步骤3：选择"商品"→"商品库"，打开"商品库"页面，在"商品分类"中选择"服饰内衣"→"女装"选项。

步骤4：在搜索结果列表中浏览商品信息，找到所需的商品，然后单击"商品"列中的商品缩略图或标题超链接。

步骤5：打开商品详情页面，在其中综合分析该商品的优劣、目标用户和销量走势等情况。

步骤6：在商品详情页面单击"添加橱窗"按钮，将商品添加至商品橱窗，完成直播带货选品工作。

2. 直播选品步骤

无论是头部主播，还是带货达人，带货的产品种类非常丰富。这是不是表示直播间想卖什么就卖什么？其实不然，头部主播和带货达人带货"任性"，是因为他们已经积累了非常庞大的粉丝群体，打出了知名度。如果团队刚刚开始直播带货，就不能这么"任性"了。对于中小型的直播团队或新手直播团队，由于其缺乏自建品牌和供应链的能力，往往需要通过招商来进行选品。通过招商进行选品，一般遵循以下六个步骤。

（1）确定选品细节。直播团队应根据用户需求确定选品的细节。例如，选择服饰类商品时，需考虑用户偏爱的款式、颜色和面料等；选择家居用品时，需考虑用户希望商品具有的基本功能，喜欢的款式和风格等。

（2）规避法律风险。商品没有获得品牌方或生产方授权，直播间是不允许销售的。还有些商品是国家法律或者平台方不允许销售的，直播团队应注意规避。例如，美瞳、电子烟等。美瞳即彩色隐形眼镜，因其直接覆盖于角膜表面，与眼组织紧密接触，直接关乎人眼安全，在我国作为第三类医疗器械管理，不允许在直播间销售。

另外，对于涉嫌抄袭原创设计品牌的商品，如果直播间上架销售，会影响主播和直播团队的声誉。因此，直播团队要注意审查商品是否涉嫌侵权。

（3）查看市场数据。一般情况下，直播团队会查看平台历史销售数据或使用"蝉妈妈""飞瓜数据"等应用软件来了解产品的销售、转化、评论等数据信息。这些数据能够帮助直播团队判断目标商品的未来销售表现情况。

（4）了解商品知识。在带货直播中，了解产品知识的重要性不言而喻。只有深入了解产品的特点、用途、功能等方面的知识，才能在直播中准确地介绍和推销产品，从而吸引购买者的兴趣。此外，了解产品知识还可以帮助主播回答购买者的问题，增强购买者对产品的信任感，提高成交率。直播团队应尽可能多地了解目标商品所属领域的专业知识，以便把握商品的生命周期，在有限的时间内展示出商品的全部信息。直播团队具有较强的专业认识，也能赢得用户的信任和支持。

（5）反复甄选商品。根据二八法则，20%的商品一般能带来80%的销量。直播团队除了选择性价比高的商品之外，还要尽可能地甄选出畅销的20%的商品。直播团队的专业程度决定筛选结果。

（6）进行品类升级。任何一款商品都是有生命周期的。在直播间，今天的爆款主推商品，明天或许就会被市场淘汰；今天发现的新品，明天或许就会被其他直播间跟风销售。对于直播团队来说，爆款商品被淘汰、被跟风销售是无法避免的。因此，直播团队在获得用户支持之后，要及时进行品类升级。

德技并修

守正创新——守住农产品品质底线，创新农产品选品方法

近年来，农产品电商特别是生鲜农产品连续多年以高于电商整体增速快速增长，成为电子商务发展新的增长点，在促进农产品产销衔接、推动农业转型升级、助力农民脱贫增收等方面，发挥显著作用。但在农产品销售过程中却也出现了特色农产品无人问津、农产品品质无法保证、运输存储过程中损坏等各类问题。因此在做农产品电商，尤其是直播销售时，选择商品至关重要。

1. 产品特色

选择具有一定特色的农产品。农产品同质化特别严重，没有任何农产品是不能取代的。因此做农产品先寻找特色，这样才有内容，然后才有用户，最后才是销售农产品。

2. 产品品质

必须要守住农产品品质底线，尽量选择"三品一标"产品。无公害农产品、绿色食品、有机农产品和农产品地理标志统称"三品一标"。"三品一标"是政府主导的安全优质农产品公共品牌，是当前和今后一个时期农产品生产消费的主导产品。纵观"三品一标"发展历程，虽有其各自产生的背景和发展基础，但都是农业发展进入新阶段的战略选择，是传统农业向现代农业转变的重要标志。

3. 产品供应链

农产品上线最大的问题就是供应链的问题。农产品的生产周期长，很多都是一年一季的产品，打开农产品市场后，产品需求量将增加，产量是否能够满足产品供应是电商选品应考虑的问题。

我国农产品种植以小户为主，农民在种植技术方面参差不齐，难以达到标准化、规范化要求，即使在同一产地，生产出来的农产品质量也难以达到同一标准。直播选品时，只能对少量农产品进行品尝，无法控制所选全部产品的质量。这些都是农产品电商选品时需要提前考虑的问题。

4. 产品运输、仓储

直播作为一种以线上为主的销售方式，农产品在运输过程中是否能够保持品质不变，有赖于物流的大力支持。虽然现在物流发展迅速，技术也非常先进，但是我们依然要考虑到产品的运输、储存等问题，因为多数都为食品，要保证食品质量和安全。

5. 产品消费群体

选择产品时，一定要分析好客户群体，选择受众群体比较大的产品。有些产品地域特色非常明显，产品的受众非常有限，并不能被全国消费者所接受。

活动三　直播电商组品方法归纳

直播电商组品是指根据对产品线的分析以及市场的变化，调整现有产品结构，从而寻求和保持产品结构最优化的策略。直播团队应梳理清楚产品的类别，同时做好产品的组合。

1. 直播电商产品分类

直播电商产品分类见表4-1。

表4-1　直播电商产品分类

品类	特点
引流款	低价商品，为直播间增加热度
福利款	回馈粉丝，提高粉丝黏性和复购率
利润款	让粉丝感觉超值的同时，拉高店铺利润
主推款	品牌主推，当季爆款。承接本场直播80%以上GMV（商品交易总额）

（1）引流款。引流款产品就是为店铺吸引流量，引进更多意向客户的产品。这类产品一般主打高性价比，通常是能让一般客户接受的产品，多低价销售。将产品定位为引流款，就意味着这个产品就是店铺最大的流量来源。引流款产品一般是大部分客户能接受的、非小众的产品，而且转化率高，相比于同类目属性环境下的竞争对手，有价格或者其他方面的优势。要精准选择引流款产品，就要做好数据测试，尽量选择转化率高、地域限制较少的产品。一些有热度的产品（在市场上声望很高、口碑较好的产品）、低价产品、品牌产品，都可以作为引流款。引流款一般在直播开始的时候使用，同时在直播中也可以穿插使用。引流款属于低客单价产品。

（2）福利款。福利款可作为宠粉福利、直播间福利，以及活动商品、粉丝团福利等，这类产品具有一定的特殊性，如销售时间不同，价格也不同。福利款一般都选择差价比较大的产品，比如，拿出部分库存做福利，原价99元的围巾，直播间29.9元出售，给粉丝做福利。福利款可以作为引流产品，也可以作为直播间用户交互的产品，用来增加用户黏性和树立商家形象。福利款属于低客单价产品。

（3）利润款。利润款产品一般用于锁定特定客户。根据"二八原则"，店铺80%的利润是由20%的产品带来的，而利润款产品即这20%中的一部分。企业应选择有设计感，更为精致，并且可以照顾小部分特定客户需求的产品作为利润款产品。

将产品定位为利润款产品，就是要靠此产品为店铺带来更多的利润和销量。因此这类产品应该在实际营销中占最高比例。利润款产品的选款要求比引流款产品更高。企业在打造利润款产品时，首先要锁定目标人群，精准地分析目标人群的爱好。利润款产品的目标人群应该是某一特定的人群，如高消费群体。企业需要分析适合该群体的款式、产品卖点、设计风格、价位区间等多个方面再做出决定。利润款属于适中客单价产品。

（4）主推款。主推款产品也就是常说的爆款产品，高流量、高曝光量、高订单量是它的具体表现。一般情况下，这类产品在最初上架的时候价格相对来说不会太高，给店铺带来的利润低。建议每个直播间设置1～2件主推款产品。企业在打造爆款的前期阶段应把利润尽量降低，做好不盈利的准备，这样才方便爆款产品的打造。爆款产品的折扣设在50%以上，测款后企业应加大市场投放量。打开消费市场后，主推款将成为直播间的形象款产品，这类产品将成为店铺利润的主要来源。

有些直播间为了吸引更多的粉丝，还会设置印象款产品。印象款产品是促成直播间第一笔交易的产品，当产生第一笔交易以后，用户会对主播或直播间产生印象，形成一定的信任度，再次进入直播间的概率也会增加，所以印象款产品的重要性是毋庸置疑的。适合作为印象款的产品可以是高性价比、低客单价的常规产品，一般在直播的开始阶段进行上架。

2. 直播电商产品布局

直播电商产品布局如图 4-5 所示，引流款和主推款做前端产品进行引流，利润款做后端产品进行盈利。引流款产品的定位是低价、超值、高频消费，利润款产品的定位是高品质、高利润、多卖点，二者互相搭配才能形成良性的产品组合模式。所以每一场直播，运营团队都应当做好直播产品布局工作。

直播间组品逻辑

引流款 **40%** 低价商品，吸引流量
上架时间 10min，刚开播时、人气较弱时上架，用于炒热直播间

利润款 **30%** 拉高店铺利润
上架时间 10～15min，直播间人气提升时放出利润款，一般紧随引流款

主推款 **30%** 品牌主推，当季必备，维持店铺运营
上架时间 20min，具有话题性的爆款，每小时都有

图 4-5 直播电商产品布局

3. 直播电商组品策略

要想将直播带货做好，需要在"组品策略"上下一番功夫。毕竟不同的直播类型适用的组品方式不尽相同，直播间上架的商品切勿过于单一。

一般而言，直播电商组品策略有五种，分别是单一款式组品、垂直品类组品、多品类组品、品牌专场组品和平台专场组品。

（1）单一款式组品。单一款式组品策略一般适合品牌自播带货，所有货品均为同一品类，SKU 数量在 5 款以下，会有 1～2 款主打产品。单一款式组品的优势是组品成本低、操作简单、有利于打造爆款，提高整体 GMV；但缺点也很明确，就是受众单一、转化成本高、高度依赖流量推广。

（2）垂直品类组品。垂直品类组品策略备受达人主播们喜爱，货品均为同一品类产品或相关产品，SKU 数量多数情况下大于 30 款，且定期更新。这类策略的优势是货品品类集中，有利于吸引同一类人群从而提高转化率，直播爆发潜力大。其缺点也很明显，就是货品垂直粉丝也趋于垂直兴趣，不利于拓展直播品类。

商家可在直播间将货品分得更为详细一些，具体分为 GMV 款、利润款、引流款、尝试款、秒杀款、福利款、搭配款，并按一定比例进行组合。产品上架顺序按引流款 - 秒杀款 - GMV 款 - 利润款 - 搭配款 - 福利款 - 尝试款 - 引流款依次循环，上架产品的价位可按照

低－中－高－中－低－中－高循环。

（3）多品类组品。多品类组品是供应链商家带货的优选策略之一。货品的品类通常大于5种，SKU数量在30～80款之间。这种策略的优势是品类多样、受众范围更广、引流简单、用户在直播间停留的时间长；缺点是直播时容易被粉丝多样化的需求带偏节奏，影响直播效果，对主播和场控能力要求较高。商家在做直播带货时，可根据不同的价位层次来进行货品选择，同时结合多品类的组合来达到GMV爆发和单量爆发的目标。

（4）品牌专场组品。大多数品牌在进行自播带货时都选用这个策略。货品全部为同一品牌或衍生品牌产品，SKU数量在20～50款之间。这种策略的优势在于有品牌正品背书，同时作为专场合作可以拿到更大的优惠，利于直播间转化；缺点是单一品牌组品难度较大，品牌专场直播数据一般都不及日常直播。商家在做直播带货时可选择低客单价的商品进行直播，同时搭配部分高客单价的商品来满足少数粉丝的需求，再设置几款百元内的福利商品作为福利款，以此提高直播间转化率。

（5）平台专场组品。平台专场组品和多品类组品类似，只是货品来源不同，平台专场组品的产品一般由某大型平台商家或大型供应链商家单独提供，SKU数量在30～80款之间。这种策略的优势是货源更加优质，优惠力度大，加之平台的正品背书，能大大提高观众的购买意愿；不足之处在于平台组品成本较高，容易被竞争对手定向打压。商家在做直播带货时可以按低客单价的引流款＋中单价的利润款＋高客单价的GMV款进行组合，来整体提高直播间的销量和销售额。

任务二　直播商品供应链管理

任务描述

兵马未动，粮草先行。

艾特佳电商公司按照直播选品逻辑、方法初步确定了直播间的销售产品。但是总监小冉还有一个担忧，就是如果直播间销量很高，仓库没有足够的货物，会导致不能按时发货。如果贸然购进大量货物，会大幅增加仓储成本，万一销售低迷，就会造成货物积压；如果选择一件代发模式，又担心代发货物的品质无法保证。于是总监小冉决定与运营小珂、主播小凡共同开启为直播货品选择合适的供应链服务模式的工作。

任务实施

供应链是指围绕核心企业，从配套零件开始，制成中间产品以及最终产品，最后由销售网络把产品送到消费者手中的，将供应商、制造商、分销商直到最终用户连成一个整体的功能网链结构。而供应链管理，是指对整个供应链系统进行计划、协调、操作、控制和优化的各种活动和过程。在把"人货场"进行重构的电商直播中，货在各个环节里都是适用且非常重要的。

活动一　认知供应链重要作用

在传统消费年代，人们到商场进行购物属于"人找货"，而随着消费升级，"人货场"三者的关系被重构，"货找人"的效率变得至关重要。直播带货可以说是货找人最直接且最快的方式之一，主播、制造商和品牌商直接产生联系，跳过了零售商。直播带货作为一种新兴的电商模式，通过网络直播的方式，向用户展示商品，并进行销售。供应链在直播带货中扮演着至关重要的角色，对于保证直播带货的顺利进行和企业的长期发展具有重要意义。在直播带货中供应链的作用主要体现在以下几个方面。

1. 商品供应

直播带货需要大量的商品供应，而供应链可以帮助企业寻找优质的商品供应商，并确保商品的质量和供应稳定。

2. 库存管理

直播带货需要保证商品库存的充足性，而供应链可以对商品库存进行有效管理，确保充足供应，并避免过多的库存积压。

3. 物流配送

直播带货成功后，需要及时将商品配送给消费者，而供应链可以提供高效的物流配送服务，确保商品能够及时送达消费者手中。

4. 售后服务

直播带货中的商品售后服务也需要得到保障，供应链可以提供专业的售后服务支持，确保消费者的权益得到保护。

> **直通职场**

供应链管理师

供应链管理师是人力资源社会保障部与国家市场监管总局、国家统计局联合于 2020 年 2 月 25 日向社会发布的新职业，在 2022 年发布的《中华人民共和国职业分类大典（2022 年版）》中的职业分类代码为 4-02-06-05。

2020 年 10 月 29 日，由中国物流与采购联合会承担的《供应链管理师国家职业技能标准》由人社部正式发布。供应链管理师的定义为：运用供应链技术、管理方法和工具，从事产品设计、采购、生产、销售、服务等全过程协同，控制供应链系统成本的人员。

供应链管理师主要工作任务如下。

（1）实施销售和运作计划，进行库存管理，协调供需关系。

（2）制订采购策略，对供应商进行整合与评估。

（3）进行供应链生产和服务设施选址与布置。

（4）设计并管理运输网络，协调仓储规划与运作。

（5）运用供应链平台管理客户、内部供应链、供应商及交易，控制成本。

（6）运用供应链绩效管理工具及方法，对供应链进行评估与改进。

（7）提供供应链技术咨询和服务。

活动二　探究供应链经营模式

现在电商的商品越来越受欢迎，越来越多的企业与个人参与供应链，供应链形式变得多样化，每个供应链根据自己的能力瞄准市场，研究其核心竞争力进行精细运营。总体来说，直播带货供应链有以下几种模式。

1. 品牌集合模式

供应链利用优势资源，通过与线下柜台品牌合作，建立自己的直播基地，邀请外部主播销售商品。一般以老款为主，折扣相对较高，也有新款，但折扣较低。许多品牌直播基地采用这种模式，相应的现场大型活动有超级内部采购会。这种模式的优点是不需要积压库存，实际上是赚取差价的中间商，没有库存风险；基地还可以举办超级内部采购会，获得官方资源，进行现场直播。这种模式的缺点是单纯依靠外部主播，不孵化自己的内部主播，不生产产品，也不经营，折扣商品款式陈旧，营收不稳定，没有核心竞争力。

2. 品牌渠道模式

品牌方具有一定的线下门店基础，依托原有资源打造供应链，开发新产品，定期邀请外部主播或发送样品进行合作；或者绑定几个主播做联名款，直播只是品牌方增加的另一个销售渠道。大主播播完后，可以安排小主播轮流带货。这种模式的优点是款式新，与主播风格相匹配，转化率高，利润自由空间大，一般达到50%以上。产生的库存也可以在线下门店销售，大大降低了库存风险。其缺点是新产品开发周期长，款式更新慢，没有专业的电商运营团队，由于主播有自己的档期，邀约难度较大，所以这种模式开播率不高。

3. 批发现场模式

供应链主要存在于批发市场，一是单个摊位与线下市场的主播合作；二是将批发市场商户整合为供应链，邀请主播进行现场直播；三是主播组织摊位，共同促成交易。批发现场模式的优势在于款式更新较快，价格相对适中，性价比高。其缺点是摊位数量多，管理难度大，还没有形成具有特色的、专业的直播供应链；推位更新速度快，一般不承担退货，多数平台直播无法接受高退货率，所以很多摊位不愿意参与。

4. 尾货组货模式

供应链前身为尾货商，拥有大量尾货资源，通过建立直播团队或与直播机构合作，建立新的销售渠道。这种模式的优点是尾货量大，质量高，性价比高，毛利率高，款式多，库存多，可提供主播低价秒杀，受到主播的青睐，是一种常见的供应链模式；其缺点是商品陈旧，库存大，主播开播率不稳定，退货率高，大量收购尾货对资金要求高，许多供应链容易破产。

5. 工厂生产模式

工厂有生产订单，场地宽敞，可邀请主播直播。这种模式的优点是可以随时生产，改变了原有的销售模式，增加了工厂的动销和利润率；其缺点是大多数供应链没有丰富的电商经验，电商团队服务能力弱，做直播供应链并不是工厂的强项，盲目扩张容易带来损失。

6. 设计师模式

供应链与设计师品牌合作，或签约设计师设计打版，再与工厂合作生产，邀请主播进行直播或给主播寄样。这种类型的供应链一般为轻奢型供应链，客单价偏高，优点是款式更新较快，毛利率相对较高，主播倾向于合作，一般不会有太大的库存积压；缺点是设计师成本高，需要对市场流行趋势有准确的判断，电商团队也需要对主播有较强的把控能力，难度相对较大。

7. 精品组货模式

供应链团队有很强的选款能力，能够匹配到主播进行深度捆绑合作，帮助主播实现高产。虽然这种类型的供应链服务的主播不多，但都是稳定且高产的。这种模式的优点是和主播深度捆绑，长期合作，开播率、产出和利润较高，售后退货等数据控制得很好；缺点是运营难度大，需要专业的运营团队（对市场敏锐度高、会选品），一般是一个团队服务一个主播，或者服务一批风格相似的主播，缺乏经验的人很难驾驭。

8. 代理运营模式

具有电子商务基础和一定直播资源的人常采用代理运营模式。在帮助商家解决电子商务环节问题的同时，邀请主播进行直播，帮助商家解决售后问题，采取佣金或服务费的模式。这种模式的优点是直接帮助商家运营，无需场地和商品，赚取商家返利或中间差价，无需承担库存风险，毛利也是固定的，只需要有一个懂直播的团队，没有其他约束；缺点是没有固定的合作商家，当大量退货时，商家很快就会反应过来，不再和这种团队合作。这种模式适合短期赚快钱，长期发展需要另辟蹊径。

力学笃行

优化农产品直播供应链模式，助力农产品出村进城工程

近年来，国内居民可支配消费收入持续上升，消费者对农产品的需求产生从量到质的转变，愈发精致、特色化。绿色食品、无公害农产品、有机农产品等各种农产品受众愈发广泛。然而农产品供应链上信息对接不畅导致消费者对优良农产品的需求得不到满足，优质难以实现优价。

为贯彻落实党中央、国务院为解决农产品"卖难"问题、实现优质优价带动农民增收做出的重大决策部署，作为数字农业农村建设的重要内容，也是实现农业农村现代化和乡村振兴的一项重大举措，2020年农业农村部等印发了《关于实施"互联网+"农产品出村进城工程的指导意见》（以下简称《意见》）。《意见》要求按照实施乡村振兴战略的总要求，紧紧抓住互联网发展机遇，充分发挥网络、数据、技术和知识等要素作用，建立完善适应农产品网络销售的供应链体系，促进农产品产销顺畅衔接，拓宽农民就业增收渠道。

《意见》中指出要以特色产业为依托，打造优质特色农产品供应链体系，那么农产品直播供应链有哪些呢？

1. 原产地直供模式

一些对时效性要求较高的农产品，例如瓜果蔬菜或是生鲜类产品，通过在原产地进行样品直播的方式展示，然后根据平台订单量进行相应的采摘，由原产地完成基础加工包装后直接发往消费端。

2. 产地加工仓储模式

农产品采摘之后，经过基础加工及包装直接运输到不同城市合作商的冷藏仓库进行储存，得到销售订单数据后，就近直接由"物流前置仓"发货，使得消费者从下单到收货的间隔时间大幅缩短，提升了消费者的满意度，有助于提升复购率。

模块总结

通过本模块的学习，我们了解了直播选品逻辑、直播选品路径与直播选品组品方法等内容，并认识到货品供应链管理在直播带货销售活动中的重要作用。直播带货的三要素分别为人、货、场，这三个要素是影响直播间商品销量与销售额的关键因素。直播选品是直播营销的起点，要想提高直播间的订单转化率，直播团队一定要从用户消费诉求出发，合法选品、严谨选品、科学选品，并对直播间商品进行精细化的配置和管理。

素养提升课堂

胸怀天下，守正创新，"人民邮政为人民"

邮政业是现代服务业的重要组成部分，是推动流通方式转型、促进消费升级的现代化先导性产业。习近平总书记强调，要加强快递队伍建设，做美好生活的创造者、守护者，加快农村"电商配送"渠道建设，强化快递包装废弃物防治，加强寄递渠道安全管理。

中国邮政被大众所熟知的一直都是快递和邮票业务，作为"百年老字号"，不仅承载着社会责任，同时也肩负着探索与转型的压力。在各平台直播日益火爆的大环境中，与抖音平台直播合作，是中国邮政作为传统品牌迈出转型的第一步。

中国邮政凭什么火起来？强大的供应链能力、严谨的选品与品控能力，以及品牌背书，这些都是邮政做直播的优势,也是邮政能走红的关键要素。邮政直播间的带货类目,涵盖了文创周边产品、地方农特产品、食品、美妆、酒水、邮票等品类,极大满足了人们对于生活的不同需求。直播商品品类范围的不断扩大,足以见证中国邮政供应链之强大。中国邮政用老 IP 讲新故事,积极参与到"国潮风"新型消费升级转型的浪潮中,线上口碑营销与线下产业链升级共同发展,完成老品牌再升级。

为了提高人民生活品质,中国邮政契合抖音平台的政策调整,业务重心也开始向酒旅与餐饮靠拢,将部分矩阵延展出中国邮政·畅游南京、中国邮政·畅游长沙等一系列畅游业务线,通过整合多项商品服务权益,打造富有特色的地域性直播间,在满足人们物质需求的同时,丰富了人们对于精神文化的追求。通过建立中邮严选供应链,让客户从信任邮政到信任邮政好货,缩短消费决策周期,推动消费升级。以兴趣电商短视频内容为核心,通过高效的直播流量和 IP 商业化营销,打造属于中国邮政的"国民级"好商品。

案例分析:供应链为王的时代,当直播间的流量逐渐趋于稳定,品牌就需要慢慢将重心移到自研实力的加强上,在这方面中国邮政实现了优质内容 IP、绿色供应链和正能量直播带货的完美结合。从严格选品到特色包装,结合中国邮政自身强大的供应链和京东开普勒的全品类货盘,形成了品牌特色抖音供应链,让我们看到了中国邮政在电商领域的无限发展潜力。

赛证融通

一、单选题

1. 用户通过直接搜索"年货节""美妆""服饰"等可以非常方便地锁定所需要观看的直播间,这种直播间选品的依据是(   )。

    A. 直播形式   B. 账号内容定位

    C. 直播间用户画像   D. 直播主题

2. 直播间营销占比最高且能为直播销售带来最大利润额的直播产品属于(   )。

    A. 引流款   B. 福利款

    C. 利润款   D. 主推款

3. 直播选品渠道有(   )。

    A. 产品搜索   B. 产品热度榜

    C. 热门品牌榜   D. 以上各项都是

二、多选题

1. 能够进入直播带货选品池的商品具备的标准有（　　　）。
   A. 商品质量好 B. 商品品相好
   C. 商品有特色 D. 商品与热度具有结合性

2. 直播间组品的策略包括（　　　）。
   A. 垂直品类组品 B. 多品类组品
   C. 品牌专场组品 D. 平台专场组品

3. 直播电商供应链经营模式包括（　　　）。
   A. 品牌渠道模式 B. 设计师模式
   C. 批发现场模式 D. 工厂生产模式

三、判断题

1. 引流款商品主要为直播间吸引流量，与商品性价比没有关系。（　　）

2. 商品有购买者和使用者之分，直播选品要根据用户的不同属性特征挑选符合用户需求的商品。（　　）

3. 直播间选品只需要讲究性价比，商品是否具有特色，能不能与热度结合这些要素并不重要。（　　）

4. 直播电商选品可以借助产品搜索、产品热度榜以及热门品牌榜等搜索渠道进行选品搜索。（　　）

5. 任何带货主播都可以选择品牌渠道供应链模式进行直播带货。（　　）

模块五　直播活动策划与执行

模块五　直播活动策划与执行

学习目标

知识目标

1. 理解直播主题与标题策划；
2. 掌握直播脚本的撰写方法；
3. 掌握直播话术的运用技巧；
4. 掌握直播互动及异常应对技巧。

技能目标

1. 能够根据直播内容的策划安排整个直播流程；
2. 能够完成脚本撰写及优化工作；
3. 能够通过直播商品讲解激发用户购买欲望，提高订单转化率；
4. 能够预判直播过程中的各种危机并进行及时控场处理。

素养目标

1. 培养社会责任意识，合理引导消费，发布与传播正能量信息；
2. 培养良好的沟通意识与服务意识，具备诚信的职业道德与敬业的职业精神；
3. 严格遵守网络直播带货相关规章制度，做知法、懂法、守法的直播销售员。

情境引入

艾特佳电商公司经过严格的选品后，近期打算正式开启直播带货活动。运营总监小冉告诉团队成员，每一场直播活动都应该经过严谨认真的设计，完整的直播活动包括直播策划、直播脚本设计、直播预告与直播讲解、直播异常应对以及控场等。只有提前做好各项准备工作，才能保证直播活动正常开播，有条不紊地推进直播进程，为商品转化率的提高做好保障。

任务一　直播活动策划

任务描述

凡事预则立，不预则废。

经过前期的准备，艾特佳电商公司直播团队正式步入直播活动策划工作阶段。运营总监小冉告诉团队成员，一定要做好直播主题的策划，"内容"才是直播带货的核心，无论是直播脚本设计还是商品讲解话术运用，都将直接影响直播间商品的转化率以及直播间的流量。接下来直播团队首先面临的重要工作是直播主题与标题策划、脚本设计与主播小凡的话术训练。

任务实施

活动一　直播主题与标题策划

直播的主题与标题对于直播的成功至关重要。直播团队应选择适合观众需求和主播个人特长的主题，并使用简洁明了的标题来吸引观众的注意力，从而提高直播间的点击率。

1. 直播的主题

直播一般都要策划一个主题专场，围绕确定好的主题进行直播，不仅可以增加直播互动和关键玩法，更能促进直播目标的达成。直播主题关乎直播整个流程细节的设计，只有先确定了直播主题，才能围绕主题去对每一个环节进行安排，如产品定价、活动计划以及带货话术等，都是围绕直播主题展开的。

直播主题的种类有很多，如节日主题、官方主题、店铺主题、大促主题等。确定主题的时候，可以确定日主题、周主题或者是月主题。当然，也可以根据主播的优势、直播带货产品、产品的受众人群，或者账号定位确定主题。

直播主题可以结合热点，这样做关注度高，能吸引用户的眼球。另外，还可以利用热点打造直播间的话题。不管确定什么主题，都应以用户为主，从用户角度出发。选择合适的直播主题需考虑以下几点。

（1）受众需求。了解目标受众的兴趣和需求，选择适合他们的主题，如健康饮食、健身锻炼、时尚搭配等都是受众关注的热门话题。

（2）个人特长。根据自身的特长和经验选择主题。如果主播擅长厨艺，可以尝试直播烹饪教学；如果主播是音乐家，可以分享音乐演奏技巧。

（3）当前热点。关注当前的热门话题，选择与之相关的主题。这能够吸引更多观众的兴趣，如讨论热门电影、体育赛事等。

2. 直播的标题

直播的标题是吸引观众点击观看的关键。一个吸引人的标题能够引起观众的兴趣，让观众产生点击观看的欲望。

好的直播标题不仅能帮助用户更快地筛查商品信息，在一定程度上也有利于提升直播间的流量。直播标题的核心作用有两点，一是吸引用户点击和观看直播；二是获得平台更多的流量推荐。一个好的直播标题既要准确定位直播内容，又要引起用户的兴趣与关注。

（1）直播标题类型。

1）内容型标题。内容型标题以用户的需求为出发点，将直播间的商品亮点进行提炼，用一句话概括直播内容亮点。内容型标题应明确直播的内容主旨，体现产品的功能和特点，尤其是产品与时下大家关心的话题有结合的时候更要体现。比如护肤美妆类直播标题，"秒杀！手把手教你打造秋日元气彩妆""秋装上新！小个子少女魅力四射"。

2）活动型标题。活动型标题往往会强调直播间的优惠活动、活动形式，提前宣传直播活动相关的信息，如折扣力度、满减包邮等，利用这些优惠活动吸引对价格敏感的用户进入直播间，如"元旦特惠！大牌女装三折起"。

3）福利型标题。福利型标题侧重于展示直播间将为用户提供的各种福利，如随机抽奖、红包派送、关注有礼、互动送礼等，不仅可以为直播间带来新用户，还能够激活以往关注了的老用户。比如，"观看直播抽大奖，更有红包雨来袭""新粉福利一元秒杀，点击福袋有好礼"。

（2）直播标题策划技巧。好的直播标题能够让用户眼前一亮，在看到标题的几秒钟内做出点击进入直播间的决定。在策划标题的时候可以运用以下技巧。

1）借助热点。热点事件容易引起人们的广泛关注，如传统节日、传统文化、体育赛事等。基于热点设计直播标题，结合人们的兴趣爱好，引导用户关注直播。比如，"美好端午，'粽'是有你""大学生新生开学季必备"。

2）产品利益。标题中率先提出产品，锁定目标人群。比如"××塑身衣，穿出好身材"。对身材有要求的女士或者是宝妈们会被标题吸引，继续关注直播间的后续优惠活动。

3）直击痛点。标题中直接体现用户在生活或者工作中遇到的烦恼，引起用户关注。比如"枕头选不对，一夜难入睡"。

4）巧用疑问。在标题中直接提出疑问，激发用户好奇心，增加点击率。比如，"减重如何不反弹？""如何解决痘痘肌？"

5）逆向表达。以"逆向思维"为基础，制造反差，引起用户的兴趣。比如"别点，点就省钱"。这个标题就是从不同的角度看事物，先引起反差，再告诉用户为什么，因为点就能省钱！如果直播的产品是用户刚好需要或者想要的，点进直播间的可能性就很大了。

6）手把手教程。教程型的标题可以给用户传递"自己不仅能在直播间买东西，还能边买边学怎么用"的信息。比较常见的标题有"冬季围巾三十种系法""手残党都可以学会的裸妆技巧"等，这类标题抓住了用户想从直播中获得实际利益的心理。

7）借助名人效应。"××× 也在用""××× 推荐"这样的标题能让人产生一种熟悉感，并且由于用户信任和支持名人，也会对接下来说的产品产生兴趣，进而进入直播间一看究竟。

8）制造紧迫感。传递紧迫感，加快用户点击进入直播间的速度。比如，"总共一万件，开仓第一天，给钱就卖""断码热卖手慢无"。这样的标题迎合了用户追求价格低廉的心理，怕错过好货的，就会点进去看，这类标题借助低价优势增加紧迫感。

需要注意的是，撰写直播标题要合法合规，不能夸大其词，严禁使用极限用语，杜绝使用违禁词、敏感词，禁止传播低俗信息。

力学笃行

"四个巧用"写出"吸睛"直播标题

1. 巧用生活用语

生活化的语言能够拉近与用户之间的距离，营造出轻松自然的氛围。在标题中使用生活用语，则能够让直播在平台的众多直播中显得格外亲切，让看到的用户产生一种"接地气"的感觉。比如"5·20，来听我聊一聊美食与表白"。

2. 巧用标点符号

在直播的标题中使用一些标点符号，就能够让单调的文字融入不同的情感，让用户看到标题时在情绪上有一些起伏，比如"告诉大家今晚八点有！红！包！雨！"，此处巧用感叹号很容易带动粉丝的情绪，引导其观看直播。

3. 巧用"颠覆"

生活中，人们对于已经司空见惯或者约定俗成的事情往往会形成一种思维惯性，如果有人能够给出不一样的观点或者方法，往往会有一种颠覆认知的惊喜感。比如"原来口红也可以画出美美的眼妆！"这个标题不按常规出牌，打破人们对于口红只能画唇妆的惯性认知，引发其好奇心，从而关注直播。

4. 巧用修辞

修辞是指通过修饰、调整语句，运用特定的表达形式来提高语言表达效果。在撰写标题时经常用到的修辞方法是比喻和拟人，比如"使用××，你的小白鞋从此不再愁眉苦脸"等。

活动二　直播排期管理

1. 直播排期的含义

直播排期属于直播活动策划的一个流程，是对符合直播主题的商品进行直播时间顺序排列，使直播商品尽量合理匹配促销时间节点。做好直播排期，能够提高直播带货的商品转化率。一般情况下，直播平台某个固定标签下直播时间越长，直播数据就越好，直播排名就越高，所以在制订商品排期计划的时候，在保证直播时长的同时尽量不要经常更换标签。

2. 直播排期的步骤

确定直播标题以后，根据店铺商品类目选择合适的标签，结合时间节点与热点做好促销策划，明确店铺直播的商品配置比例与商品数量。一般来讲，直播排期可以分三步来实现。

（1）分析头部主播排期特点。作为新手主播，在制订直播排期计划之前，需要先对头部主播的直播排期特点进行分析。分析周期一般为30天，分析的内容具体包括直播场次、直播标题、直播标签、商品数量以及直播促销的卖点。

（2）制订月度排期计划。直播运营团队要根据时间节点，结合促销热点制订每个月的直播排期计划，具体包括月开播场次、每周开播时间、每场开播时长、每场直播促销卖点等内容。

（3）设置直播排期内容标签。策划直播排期内容，设置直播标签是吸引用户、赢得精准流量的重要步骤。直播间在固定标签下开播时间越久，表现越好，获得的流量就越多。因此，不建议主播经常更换直播标签，如果确实需要更换，建议更换相似的直播标签，可以避免商品转化率的大幅下降。主播根据直播标签依次添加直播排期计划，选择合适的商品，提炼直播亮点。

活动三　直播脚本设计

1. 直播脚本的类型

直播脚本是影响直播带货效果的重要因素之一。对于直播带货而言，优质的直播脚本可以保证直播流程有序进行。直播脚本一般分为整场直播脚本和单品直播脚本。

（1）整场直播脚本。整场直播脚本是以整场直播为单位的规划与流程安排，重点强调直播的逻辑与控场。整场直播需要统筹直播开场预热、商品讲解与测评、用户互动、话术引导成交、优惠福利、人员分工、直播总结与次场预告等。

（2）单品直播脚本。单品直播脚本是针对某款单个商品的解说脚本，沿用FABE产品介绍法则，主要介绍产品的特点、功能、为用户带来的利益以及证明以上事实的证据四个方面。在讲解过程中要与用户实时互动，及时回答并解决用户提出的各种问题。

2. 直播脚本的作用

（1）梳理直播流程。做直播最忌讳的就是开播前才考虑直播的内容和活动，未经梳理的直播最终呈现出来的效果一定不会理想，通过撰写脚本可以提前梳理直播流程，让直播的内容有条不紊，防止出现直播异常和纰漏。

（2）管理主播话术。脚本可以非常方便地为主播在每个直播时间段的行为做出指导，让主播清楚地知道在某个时间该做什么、还有什么没做。此外，主播借助话述可以传达出更多关于商品的信息，提高直播的效率。

（3）规划直播预算。撰写直播脚本时可以提前设计好促销活动中的优惠券，安排好赠品以及各种福利活动，能够帮助商家有效控制直播预算成本。

（4）建立舆论导向。直播脚本是指导主播、助播以及团队成员的动作、行为、话术的参考，可以有效地避免误伤友商或者出现商品虚假信息传递、夸大宣传等情况，防止对品牌和主播造成不利的社会影响。

（5）便于总结复盘。复盘是每次直播后要做的一项重要工作，直播团队管理人员需要不断总结数据，通过数据反馈的结果调整和优化下次直播的内容，以达到更好的直播效果。直播脚本可以为复盘提供参考，同时直播复盘也能更好地帮助后期优化直播脚本。

3. 整场直播脚本

（1）整场直播脚本撰写要点。整场直播脚本通常以表格的形式呈现，直播主题、直播目标、直播人员等都需要按照实时直播情况进行填写，直播流程需要详细具体，才能保证整场直播有节奏地进行。整场直播脚本撰写要点与说明见表5-1。

表 5-1 整场直播脚本撰写要点与说明

撰写要点	要点说明
直播主题	定下本场直播的主题，使用户了解直播信息。毫无目的地闲聊会显得直播间内容十分零碎且无营养。例如直播主题是上班裸妆，直播内容应是教用户画淡淡妆，适应上班整体环境
直播目标	确定本场直播希望达到的目标，明确重要指标数据，比如观看量、点赞量、销售额、商品转化率等。这样更直观且目标性更强
直播人员	要注意团队各个人员的分工以及职能上的相互配合。主播负责引导关注、介绍产品、解释活动规则，助播和运营负责互动、回复问题、发放优惠福利等，后台和客服负责修改商品价格、与粉丝沟通转化订单等
直播时间	定好直播的时间，严格根据脚本时间进行直播，直播时段也建议相对固定一些。准时开播能够帮助用户养成观看习惯。到了下播时间建议不要恋战，及时预告第二天的直播，让用户持续关注下一场直播，促进用户观看习惯养成的同时，还能让用户对主播保持新鲜感
产品卖点	写出产品的优势和特点，提炼产品功能卖点及产品价格卖点，帮助主播更为真实且准确地向用户介绍产品
产品数量	注明本场直播产品的数量
直播流程	流程细节是重中之重，要具体到每分钟，比如20:00点开播，20:00-20:10进行直播间预热。然后是商品介绍，规划好每一个商品的介绍时长、与用户互动时长等，尽可能把时间规划好并按照计划执行
主播介绍	介绍主播的名字、身份等
注意事项	备注直播时需要注意的问题

（2）整场直播脚本撰写示例。艾特佳电商公司直播团队主播小凡设计了一份完整的整场直播脚本，见表5-2。

表 5-2 整场直播脚本撰写示例

直播脚本	
项目	内容
直播时间	20××年×月×日（春节）20:00-22:30
直播标题	零食年货节，春节不打烊
直播目标	观看人数达到 10 000 人，新增粉丝 600 人
主播介绍	××，零食小铺店员，承担日常直播带货工作
人员分工	主播负责介绍产品并与用户公屏互动，直播助理负责演示产品、截屏抽奖，场控和客服负责回复用户提出的问题
注意事项	丰富直播间优惠福利活动，提高用户参与度与关注率；合理把控产品讲解节奏；适当延长产品卖点与利益点的讲解时间；直播讲解产品要及时与用户进行互动；及时关注用户痛点，打造产品优势，提高产品转化率

直播流程	序号	时长（min）	环节	直播内容	预测效果
	1	2	主播自我介绍	主播自我介绍，向进入直播间的粉丝用户打招呼问好 话术：欢迎大家来到直播间，我是主播××。今天是大年初一，首先祝大家春节快乐，在这个喜庆的日子里，小铺回馈新老客户，为大家准备了很多小零食，希望大家可以关注小铺，把爱吃的、想吃的都带回家	开场预热
	2	5	商品活动剧透	介绍直播时间、福利抽奖原则，剧透今日商品、主推商品以及返场商品 话术：今天在直播间为大家准备了很多种零食，是朋友聚会聊天、窝在沙发里看电视的必备品。宝宝们要关注直播间，不要错过抽奖福利，欢迎小伙伴们多多转发直播，多多互动，也不要错过左上角福袋开奖，快快关注起来吧	引入主题
	3	35	商品讲解	根据公屏需求重点介绍某一款 话术：今天为大家准备了二十多种小零食，首先为大家上一款福利零食，××（介绍商品的卖点与优势），宝宝们在公屏打出"想要"两个字，人数越多，价格越优惠……第二款商品是…… 宝宝们直接点击下方小黄车，点击链接查看详情可以直接下单购买	调动用户购买兴趣，引导用户下单成交

（续）

	序号	时长（min）	环节	直播内容	预测效果
直播流程	4	2	福袋开奖	话术：宝宝们，左上角的福袋2分钟后就要开奖了，宝宝们可以关注直播间，点击左上角福袋，我们都会有好礼送出	增强互动
	5	5	秒杀福利	现在给大家上一波秒杀福利，0.01元秒杀手工米饼一袋，一袋足足300g，宝宝们拼手速的时间到啦	秒杀促销
	6	35	商品讲解	下面为大家介绍的是被称为夜宵绝绝子的几款熬夜必备小零食，我手里的这一款是××……	商品卖点优势讲解，引导用户下单购买
	7	3	优惠券	宝宝们，下单的时候不要忘记领取右上角优惠券，下单享受立减活动	优惠促销
	8	3	会员专享	今天加入店铺会员的宝宝还可以享受双重优惠	会员促销
	9	40	返场商品介绍	公屏上很多宝宝们还没有抢到自己想要的，那下面我们就把宝宝们想要的再各上五单，宝宝们拼好手速哦，下面再给宝宝们讲一下我们小铺的×× ……	商品返场重点讲解，提升商品转化率
	10	3	福袋开奖	宝宝们，左上角的福袋2分钟后又要开奖了，宝宝们可以关注直播间，点击左上角福袋，我们都会有好礼送出	提升直播间流量
	11	5	优惠券	宝宝们，下单的时候不要忘记领取右上角优惠券，下单享受立减活动	重点强调优惠
	12	5	会员专享	今天加入店铺会员的宝宝还可以享受双重优惠	重点强调优惠
	13	5	直播总结	盘点本场直播的产品特点 复述商品链接	引导下单
	14	2	直播预告	适当剧透下一场直播的相关内容，与用户互动，增强用户黏性，引导用户关注直播间，提升粉丝数量	引导用户继续关注下一场直播

4. 单品直播脚本

（1）单品直播脚本撰写要点。单品直播脚本的撰写，其核心是突出商品卖点，一般以表格形式呈现，见表5-3。单品直播脚本的撰写要点具体包括产品导入、直击痛点、建立信任、突出卖点、在线体验、商品利益、引导转化等几个部分。需要注意的是，一个单品的介绍时间一般为 5min 左右，具体时间应当依据商品的特点而定。

表 5-3 单品直播脚本撰写要点与说明

撰写要点	要点说明
产品导入	制造话题引出产品，向用户介绍为什么要买
直击痛点	这款产品能解决用户的什么烦恼或者问题
建立信任	运用产地或者产品形象等建立用户信任
突出卖点	介绍产品属性、功能、作用，向用户说明产品优势
在线体验	介绍自己的使用感受、顾客的使用反馈、使用前后效果对比（真实照片、截图佐证等具有说服性的材料展示）
商品利益	介绍购买产品能为用户带来的好处
引导转化	引导用户下单，通常采用限时限量制造紧迫感，或者通过价格优势比较激发用户的购买欲望

（2）单品直播脚本撰写示例。艾特佳电商公司直播团队主播小凡为一款即将开播销售的防晒产品设计了一个单品直播脚本，见表 5-4。

表 5-4 单品直播脚本撰写示例

项目及时长	直播脚本内容
商品导入（1min）	话术：××品牌大家一定不陌生，它被称为国货之光，很多网红达人都体验过这个品牌的产品。无论是养肤还是上妆，××品牌都是性价比非常不错的选择
直击痛点（1min）	话术：宝宝们，夏天就要到了，防晒护肤品你们都准备好了吗？有没有宝宝觉得防晒涂在脸上很油腻，毛孔不能呼吸，有一种糊在脸上的感觉，而且还会闷痘，不够轻薄？还有的宝宝用完防晒后，不但晒黑了，而且肌肤还会疼痛泛红呢
建立信任（1min）	话术：这款防晒是××品牌下的防晒新品，到目前已经卖了 120 万单了，回购率特别高，也是著名模特××为 2023 年夏天防晒代言的主推产品
突出卖点（2min）	话术：这款产品采用复配防晒剂，内外兼修，三效合一。高倍防晒、提亮肤色、以草本成分养肤。防晒的同时还能保湿补水，清爽不黏腻，贴妆不卡粉
在线体验（1min）	话术：宝宝们看一下，涂抹起来非常清爽，特别容易推开，一点也不厚重，无粉感妆感，提亮肤色非常自然
商品利益（1min）	话术：宝宝们这款防晒买回家后能够实现一瓶多用，快速打底。防晒黑、不卡粉、肤感轻盈，真正实现防晒、贴妆、提亮三效合一。不愿意化妆的宝宝们更是幸运了，直接一瓶防晒就能让肌肤看上去健康有光泽
引导转化（1min）	话术：宝宝们，平时这款防晒售价 199 元而且还没有现货，今天只要 149 元，而且只有 100 单现货，拍下即发货，宝宝们抓紧机会不要错过

活动四 直播话术准备

直播话术是商品特点、功能、卖点与优势的口语化表达，是主播吸引用户停留在直播间的关键。对于主播来讲，话术水平的高低直接影响直播间的商品转化率与销售额，因此在直播营销过程中，巧妙设计与运用直播话术至关重要。

1. 直播话术设计要点

直播话术设计是指根据用户的期望、需求、动机等，通过分析直播产品所针对的个人或群体的心理特征，运用有效的心理策略组织的高效且富有深度的语言。直播话术并不是单独存在的，它与主播的表情、肢体语言、现场试验、道具使用等密切相关。设计直播话术时需要把握好以下要点。

直播话术设计技巧

（1）话术用词要符合规范。直播电商正在朝着规范化的方向发展，一系列规范直播参与者行为的政策、法规相继出台，因此主播的营销话术要符合相应的政策要求，在介绍产品时不能使用违规词，不能夸大其词。主播设计话术时要避开争议性词语或敏感性话题，以文明、礼貌为前提，既能让表达的信息直击用户的内心，又要营造出融洽的直播氛围。

（2）话术设计口语化。直播话术设计的重点是主播在介绍产品时的语言要尽量口语化，口语化的表达能够拉近与用户之间的距离，同时搭配丰富的肢体语言、面部表情等，使主播的整体表现具有很强的感染力，能够把用户带入商品描绘的场景中。

（3）话术表达要适度。话术并不是一成不变的，很多新手主播经常套用所谓的话术模板或者框架，但需要注意的是，要活学活用，特别是面对用户提出的问题时，要慎重考虑后再回应。对于表扬或点赞，主播可以积极回应；对于善意的建议，主播可以酌情采纳；对于正面的批评，主播可以用幽默化解或坦荡认错；对于恶意谩骂，主播可以不予理会或直接拉黑。凡事要掌握好度，不能张口即来，如果主播在说话时经常夸大其词、词不达意，都会成为引发用户反感的导火索。

（4）话术与情绪紧密配合。新手主播往往缺乏直播经验，经常会遇到忘词的情况，这时主播虽然可以参考话术脚本，但一定要注意配合情绪、情感。主播的面部表情要丰富，情感要真诚，并辅以适当的肢体语言和道具等。直播很多时候就像一场表演，主播就是其中的主演，演绎到位才能吸引并感动用户。使用话术时，主播不能表现得过于怯懦或强势，过于怯懦会让主播失去自己的主导地位，变得非常被动，容易被牵着走；而如果主播过于强势，自说自话，根本不关心用户的想法或喜好，则不利于聚集粉丝和增加流量。

（5）话术语速、语调要恰到好处。在直播时，主播的语调要抑扬顿挫，富于变化，语速要确保用户能够听清讲话内容。主播可以根据直播内容的不同灵活掌握语速，如果想促成用户下单，语速可以适当快一些，用激情来感染用户；如果要讲专业性的内容，语速可以稍微慢一些，这样更能体现出权威性；讲到要点时，可以刻意放慢语速或停顿，以提醒用户注意聆听。

（6）直播话术要具有专业性。对于主播来讲，专业性是直播的首要原则。直播话术的专业性体现在两个方面：一是主播对产品的认知专业性，主播对商品认知得越全面、越深刻，在进行产品介绍时就越游刃有余，越能彰显自己的专业程度，也就越能让用户产生信任感；二是主播语言表达方式的专业性，同样的一些话，由经验丰富的主播说出来，往往比由新手主播说出来更容易赢得用户的认同和信任，这是因为经验丰富的主播有更成熟的语言表达方式，他们知道如何说才能让自己的语言更具说服力。

（7）直播话术要体现出真诚。在直播过程中，主播要站在用户的角度，以真诚的态度进行沟通和互动。主播要换位思考，以用户的身份给出最真实的建议，有时真诚比技巧更有用。真诚的态度和语言容易激发用户产生情感共鸣，提高主播与用户的亲密度，拉近双方的心理距离，从而提高用户的黏性和忠诚度。

（8）直播话术要有趣。具有幽默感的语言表达能够让用户感觉到直播不会那么枯燥。幽默能够展现主播的开朗、自信与智慧，有趣的语言更容易拉近主播与用户的距离，提升用户的参与感。同时，幽默的语言还是直播间的气氛调节剂，能够帮助营造良好、和谐的氛围，并加速主播与用户建立友好关系的过程。不过，主播的幽默一定要适度，掌握好分寸，不能给用户留下轻浮、不可靠的印象；主播还要注意幽默的内容，可以对一些尴尬场面进行自我调侃，但不要触及私人问题或敏感话题，而且不能冲淡直播主题，不能把用户的思路越拉越远，最终要回到直播营销的主题上。

德技并修

中华语言文化融入，助力董宇辉直播带货走红

"树上的樱桃望过去就像漫天星河。""是风的味道，是盐的味道，是大自然的魔法和时光腌制而成。""美好就如山泉、就如明月，就如穿过峡谷的风，就如仲夏夜的梦。"这是主播董宇辉在直播卖货。他用上面三句话，分别推荐了樱桃、火腿和牛排，把食物和风景巧妙融为一体。用诗情画意的优美语言营造意境，不仅是董宇辉的特长，同时也刷新了人们对直播带货的认知。看过董宇辉直播的人都有这样的印象，董宇辉在与网友交流时，不仅语速不徐不疾、恰到好处，而且语言组织能力和表达能力都很强，常常是妙语连珠，尤其是善于营造意境和氛围，这很容易打动网友的心。能够达到这样的艺术效果，是对中华优秀传统文化的热爱，也是优秀传统文化加持带来的必然。

董宇辉的表达犹如原野上吹来的一阵清新的风，这是"知识就是力量"最亮眼的注脚。而这情怀的背后，浑然天成的是中华民族优秀传统文化的力量。

2. 直播话术类别与技巧

（1）直播开场话术。直播开场话术用于暖场，主播可以使用一些具有个人特色的欢迎语，或者直接切入直播主题。直播开场话术技巧与示例见表 5-5。

直播开场话术技巧

表 5-5 直播开场话术技巧与示例

序号	话术技巧	话术示例
1	直接切入主题，介绍产品情况以及优惠大促	哈喽，宝宝们晚上好。我是××，欢迎大家准时来到××直播间。今天是 6.18 年中大促，也是我们的超低价分享时间，我们为宝宝们带来××款好物，不要走开，大家多多支持关注
2	制造直播紧迫感	嗨，小伙伴儿们晚上好，欢迎来到直播间。今晚的直播有超多惊喜送给大家，好物秒杀超低价，千万不要错过，数量有限，机会难得
3	引导用户留言，提高用户参与感	哈喽，大家好，欢迎宝宝们准时来到××直播间，今天是我们的"女神节"，女神们有什么愿望想要实现呢？大家把小愿望打在屏幕上，×× 今晚一定尽力帮大家实现
4	设置抽奖开播暖场	大家好，欢迎大家来到××直播间。话不多说，先给进直播间的宝宝们一波抽奖福利，大家在屏幕上打出"春节不打烊"五个字，一会儿小助理截屏抽出幸运观众，中奖的宝宝们联系客服领取小礼物

（2）粉丝关注话术。直播过程中，随时都会有用户进入直播间。主播要熟练灵活运用引导关注的话术，不断提醒用户关注直播间，提高直播间人气与流量。粉丝关注话术技巧与示例见表 5-6。

直播间引导关注话术技巧

表 5-6 粉丝关注话术技巧与示例

序号	话术技巧	话术示例
1	强调福利	刚进直播间的家人们不要忘了点击左上角关注直播间，关注后左上角的福袋会有福利送出
2	强调价值	想要了解更多穿搭的家人们不要忘记关注直播间，只有关注了才能很方便地找到主播，找到穿搭视频
3	强调抽奖	没有关注直播间的朋友们，点点关注点点赞，咱们点赞量到一万，给大家上一波抽奖福利

（3）直播互动话术。直播过程中与用户进行良好的互动，不仅能够让用户体验到存在感，更有利于提升直播间人气与流量。直播互动话术技巧与示例见表5-7。

直播互动话术技巧

表5-7 直播互动话术技巧与示例

序号	话术技巧	话术示例
1	提问题互动	家人们，不沾杯的口红大家平时都用过吗？没用过的在评论区扣1
2	选择题互动	想要黑色的在公屏扣1，想要白色的在公屏扣2，我们看一下哪个颜色的需求多，我们就给大家上哪个颜色
3	刷公屏互动	想要入手这件衬衫的宝宝们可以在评论区打出"想要"两个字，我们根据数量给大家再上一波链接

（4）促留存话术。将用户留下来，使用户愿意持续观看直播，可以为后续商品销售创造更有利的条件。采用不同的留存用户方法，需要结合不同的话术。促留存话术技巧与示例见表5-8。

直播间用户留观话术技巧

表5-8 促留存话术技巧与示例

序号	话术技巧	话术示例
1	制造开奖紧迫感	家人们不要走开，左上角福袋还有一分钟就要开奖啦
2	通过红包预告吸引用户	家人们，现在是晚7点整，今晚直播每过半个小时我们就会发放一轮红包，大家记得关注不要走开
3	引导用户点赞，提高用户参与感	好了，大家动动手指点点赞，点赞每到一万，我们开一波截屏抽奖，让大家今晚奖品拿到手软
4	提前透露即将分享的产品信息，让用户有所期待并留在直播间	这件香芋紫色大衣非常显白，配上里面的碎花裙，显得非常温婉大方，想要碎花裙的家人们不要着急，介绍完大衣就马上给大家介绍这件好看的碎花裙
5	与用户互动，使用户感到受重视，从而提高留存率	喜欢的宝宝们可以在屏幕上打出数字1，如果有超过20位小伙伴儿评论1，就再给大家放一波儿福利价
6	引导用户留言，提高用户参与感	家人们不要着急，没抢到的可以在屏幕上评论"没抢到"，我们再给家人们上10单

（5）转化下单话术。直播带货的最终目的是促使用户下单购买，可以采用不同的话术来打消用户的顾虑，取得用户的信任。转化下单话术技巧与示例见表5-9。

直播间转化下单
话术技巧

表5-9 转化下单话术技巧与示例

序号	话术技巧	话术示例
1	强调七天无理由退换货	我们直播间的商品都是七天无理由退换货的，购买后如果不喜欢或者不满意，只要不影响二次销售，都可以退换的
2	强调售后保障	我们直播间的商品都是为大家提供运费险的，家人们可以轻轻松松实现安心购
3	强调价格优势	这款商品我们直播间原价都是××元的，今天恰逢年中大促，错过今天的优惠价格，大家再买就又恢复原价了
4	强调限时限量	今天现货不多，只有50单，如果家人们抢不到，那就只能再等预售了，因为工人们还没有开工，预售的发货时间都很难保证的，喜欢的小伙伴们抓紧下单，我们按照下单顺序发货
5	运用心理价格	这个价格真的是很低很低了，家人们，您把××带回家，我们算一下，一年365天，一天仅仅需要0.25元的成本就可以拥有自己想要的仪式感生活
6	引导加购	如果还没有想好下单，宝宝们可以先放入购物车，一会儿返场的时候主播还会再给宝宝们开一波福利价

（6）直播下播话术。每一场直播都是有始有终，每一个陪主播到下播的用户都是忠实的粉丝。临近下播的时候可以采用不同的话术向用户表达感谢，也可以进行下一场直播的预告。直播下播话术技巧与示例见表5-10。

直播间下播话术
技巧

表5-10 直播下播话术技巧与示例

序号	话术技巧	话术示例
1	表达感谢引导关注	感谢大家今天对直播间的支持和关注，没有关注直播间的宝宝们可以点点关注，明天的直播我们将为大家带来更多福利
2	表达感谢引导转发	今天我们的直播就要结束了，感谢小伙伴儿们的支持与陪伴，大家可以多多转发分享直播间，我们将为大家带来更多的好物分享
3	表达感谢直播预告商品剧透	家人们，我们要下播啦。感谢××老粉和新粉的关注与支持，明天晚上7点钟，大家不要忘了继续关注支持××直播间，我们为大家上新早春搭配，不见不散

任务二 直播活动执行

任务描述

知是行之始,行是知之成。

艾特佳电商公司团队成员经过协商合作,已经完成整场和单品的脚本撰写工作,主播小凡经过一段时间的培训与练习,也掌握了直播各个环节的话术技巧,接下来进入直播活动执行阶段。开播前,运营专员小珂需要提前在平台进行直播预告发布。直播过程中,运营专员小珂需要做好直播中的控场与异常应对工作,做好直播商品上下架管理;主播小冉需要做好直播商品展示与讲解工作,与用户进行热情的互动,从而提高转化率。

任务实施

活动一 直播预告发布

1. 发布封面直播预告

第一步,打开抖音 App,点击屏幕下方中间的"+"按钮,在打开界面的下方选择"开直播"选项。打开"开直播"界面,在上方点击"设置封面"按钮,在弹出的面板中点击"从相册上传"选项,如图 5-1 所示。

第二步,从手机相册中选择本次直播需要的封面,在打开的界面中调整手机相册所选封面图片的显示范围,点击"确定"按钮,如图 5-2 所示。

设置封面发布直播预告操作流程

图 5-1 从相册上传封面

图 5-2 调整封面显示范围

第三步，在返回的界面中点击"设置"按钮，点击"直播预告"，将"启用直播预告"打开，如图5-3所示。

第四步，点击"开播时间"，在打开的"预告开播时间"面板中设置开播时间，点击"保存"按钮，如图5-4所示。

图5-3　打开启用直播预告　　　　　图5-4　保存开播时间

第五步，在"公告内容"栏下方的文本框中输入直播公告内容，点击"保存"按钮，如图5-5所示。

第六步，设置直播预告成功后，直播预告时间将显示在账号主页的"直播动态"中。点击"直播动态"按钮，在打开的界面中可查看本次直播公告内容，如图5-6所示。

图5-5　保存公告内容　　　　　图5-6　查看直播动态

2. 发布短视频直播预告

第一步，打开抖音 App，点击屏幕下方中间"+"按钮，在打开的界面中点击"相册"按钮，如图 5-7 所示。

第二步，在打开的界面中选择剪辑好的短视频，点击"下一步"按钮。在打开的页面上方点击"选择音乐"，可以对视频的背景音乐进行重新选择，继续点击"下一步"按钮，如图 5-8 所示。

短视频发布直播预告操作流程

图 5-7 打开相册

图 5-8 选择短视频

第三步，在"发布"界面的标题文本框中输入短视频的标题，点击下方"#话题"按钮，在打开的列表中选择相关的话题。添加适当的话题将有助于抖音识别短视频的内容类型并对其进行精准推荐，如图 5-9 所示。

第四步，在"话题"下方的"你在哪里"栏添加地点定位，丰富短视频的详细信息，让用户了解短视频的发布地点，完成后，点击"发布"按钮，完成发布短视频工作，如图 5-10 所示。

模块五 直播活动策划与执行

图 5-9 添加话题

图 5-10 发布短视频

活动二 直播商品展示与讲解

直播营销的目的是把商品销售出去，所以主播在直播时要做好对商品的全面介绍，展示商品的完整形象。主播在介绍商品时要遵循两个原则，一是对商品进行全方位展示；二是商品讲解要专业准确，如商品功能、材质、规格等。不同品类的商品特性不同，因此，主播需要有针对性的讲解。

直播间商品讲解技巧

1. 常用商品展示

在直播时，为了充分展示商品的质感、性能和特征，提升用户停留时长及转化率，直播间商品展示通常需要遵循一定的原则和方法。

（1）商品展示原则。

1）合理性原则。确定合理的展现角度，保证用户观感和体验。直播现场固定机位后，一定要注意观察直播时用户端手机内商品的展现角度，确保商品能得到全面展现；避免出现互动区挡住产品的情况，保证用户良好的观感和舒适的体验。比如展示服装的时候，要体现整体穿着效果，主播在展示的时候，尽量避开互动评论区，如图 5-11 所示。

2）细节化原则。通过细节展示呈现商品的高级感。以服装类为例，主播亲自试穿，拉近镜头详细展示服装的面料及质地等细节来突显商品的高级感，如图 5-12 所示。

109

图 5-11 服装展示避开评论区

图 5-12 服装细节展示

3）递进性原则。直播间展示商品的递进性原则是指在直播过程中，通过逐步展示商品、赠品及福利等方式，刺激消费者的购买欲望，提高销售转化率。

4）全面性原则。助播在主播身后举起 KT 板、礼盒包装等道具，让用户所见即所得，比如将面膜、纸巾等产品的正品和赠品全部贴到 KT 板上展现。价格机制也要让用户有视觉上的感知。

（2）商品展示方法举例。

1）服饰箱包类目。模特背着包或穿着服装以更好地展示产品卖点，特别是塑身类服装产品，建议穿前与穿后对比展示。

2）食品生鲜类目。对可烹饪的食材可以借助高级的餐具凸显产品质感。

3）美妆类目。主播或助播可通过亲自使用进行演示，在使用的过程中讲解产品的质地、颜色、妆效等，以增强用户的直观视觉感受，也可同步产品使用教程，以提高用户流量。美妆类目产品展示如图 5-13、图 5-14 所示。

4）个护家清类目。可以用陈列架将系列产品分层呈现，建议对能做实验的产品进行效果演示，如洗衣液清洁效果、宝宝纸尿裤吸水后干爽效果。

5）珠宝手表类目。建议主播或助播亲自佩戴展示效果，如图 5-15、图 5-16 所示。珠宝首饰可以用深色盒子、首饰架收纳衬托，不要随便摆甚至缠在一起，以免影响光泽感展现。

根据珠宝的不同材质特征设置不同的灯光来烘托珠宝的质感。

图 5-13　主播亲自试用唇釉

图 5-14　同步产品使用教程

图 5-15　主播试戴戒指

图 5-16　主播试戴项链

2. 常用商品讲解

不同的商品通常采用不同的商品讲解方法，主播在进行商品介绍的时候，需要对商品介绍的内容进行拆解，深挖用户痛点、痒点，贴近生活场景，拉近与用户之间的距离。

解读抖音电商平台六类直播禁忌词

（1）美妆类商品拆解要点。在直播间推荐美妆类商品时，由于不同商品的功效、质地、容量、使用方法不同，主播需要根据不同的商品特征选择要点讲解。美妆类商品拆解要点见表5-11。

美妆类商品直播讲解技巧

表5-11 美妆类商品拆解要点

商品类目		拆解要点
底妆类		色号、适合的肤色肤质、养肤效果、持久度、滋润度、遮瑕度、贴合度等
唇妆		色号、持久度、滋润度、是否容易沾杯、成分是否安全、适合的季节、场合与妆容等
修容类		质地（粉状还是膏状）、颜色（如偏棕还是偏灰）、是否飞粉、是否容易晕染开等
遮瑕类		适合的肤质、遮瑕度、滋润度等
眼妆类	眼线	颜色、持久度、防水性、使用起来是否顺滑等
	眼影	质地、显色度、延展度、细腻度、持久性、是否飞粉等
	眉笔	颜色、成分、质地、持久度、防水性等
	睫毛膏	颜色、持久度、刷头形状、防水性、功效（让睫毛显浓密、显卷翘等）、刷完是否会出现"苍蝇腿"等
精华、面膜类		功效、成分、使用方法（尤其是新研发的产品，要向用户演示其使用方法）、精华液含量等
卸妆类		质地、卸妆效果（可以将彩妆画在手臂上，现场卸妆）、适用的场合（例如，卸妆湿纸巾适合在外出乘车、乘飞机等场合使用）
洁面类		商品成分、适合的肤质、使用方法、起泡情况、清洁强度、是否具备卸妆效果、洗完脸后是否有紧绷感等
化妆工具类		工具的用途、材质、使用方法、使用感觉等

（2）服装类商品拆解要点。在介绍服装类商品时，为了达到更好的介绍效果，主播可以亲自试穿服装，向用户展示服装的试穿效果，前后左右都要展示清楚。主播展示试穿效果时要注意走位，用远景向用户展示服装的整体效果，用近景向用户展示服装的设计细节和亮点等。服装类商品拆解要点见表5-12。

服装类商品直播讲解技巧

表 5-12　服装类商品拆解要点

拆解维度	拆解要点
服装风格	服装的风格有很多种，如女装有学院风、森女风、小香风、名媛风、淑女风等，主播在介绍商品时，要向用户说清楚所推荐的服装属于哪种风格
服装款式	主播要向用户介绍服装的款式。例如，宽松款服装包容性强，显得人比较瘦；修身款服装凸显身材，显得人比较精神；长款服装能够遮住臀部和大腿，修饰线条等
服装色系	主播要介绍服装的整体色系，说清楚这种颜色能够给人带来什么样的感觉。例如，白色显得典雅、粉色显得可爱、黑色显得沉稳等。另外，主播还要介绍这种颜色的服装具有哪些优势，如黑色服装穿上显瘦等
服装面料	主播在介绍面料时，要多用近景镜头向用户展示面料的纹理和柔软度等。先说明服装的面料类型，然后介绍该面料的优点。例如，纯棉面料透气、吸汗性强；聚酯纤维面料造型挺括、不易变形；皮质面料防风，而且显得高档等
服装设计亮点	主播要介绍服装在工艺方面的设计亮点，突出其独特性。例如，介绍服装制作工艺的精致度和稀缺性；展示服装设计细节，如袖口带有手工刺绣和印花等
服装整体搭配	"一衣多穿"是体现服装性价比高的关键。主播在介绍服装搭配时，不能只说这个衣服可以与其他款式的衣服搭配，最好将整套的服装搭配展现在镜头面前，甚至可以展示与整套服装搭配的鞋子、眼镜、帽子等其他配饰
性价比、库存	主播可以突出介绍低价所带来的高性价比。比如，在报价时要先报服装的原价，再报直播间的优惠价；在说明库存时，主播可以强调库存的有限性，营造商品的稀缺感，以刺激用户下单

（3）美食类商品拆解要点。主播在直播间推荐美食类商品时，需要介绍商品的产地、配料、营养价值、口感风味等。美食类商品拆解要点见表 5-13。

美食类商品直播讲解技巧

表 5-13　美食类商品拆解要点

拆解维度	拆解要点
安全性	美食类商品的安全性是指食品无毒、无害，符合营养要求，安全是食品消费的基本要求。主播可以围绕商品的原材料选取、清洗、切割、烹饪、制作、包装、储存、运输等一系列流程来介绍食品的安全性，可以用数据、食品安全国家标准进行背书，或采用现场检测、实验的方式来赢得用户的信任
口感风味	美食讲究口感，主播一定要用语言表达出其口感，围绕食物的色、香、味、形进行描述，突出美食的优势，强调商品特色，以及与同类商品的差异，以赢得用户的好感

(续)

拆解维度	拆解要点
营养价值	主播在介绍美食类商品时,不能随意夸大任何一款美食的营养价值。可以根据大众对此类型商品的需求,强调商品在某一方面的营养、食用后对人体的好处等。例如,坚果类食品有着丰富的营养,富含蛋白质、维生素、微量元素和膳食纤维等,有助于维持营养均衡、增强体质
价格优势	美食类商品日常消耗大,可代替性强,客单价低、性价比高的商品更容易成为爆款。价格优势主要是指直播间推荐的商品比其他同类商品价格低,可采用商品组合套餐、五折卡、优惠券等形式拉低价格

（4）3C类商品拆解要点。3C类商品主要指计算机类、通信类和消费类电子商品,这类商品主要以开箱为主,从检测、剖析商品的性能、功能、技术指标等方面,与用户需求产生共鸣。3C类商品拆解要点（以手机为例）:见表5-14。

3C类商品直播讲解技巧

表5-14　3C类商品拆解要点（以手机为例）

拆解维度	拆解要点
开箱验机	展示商品未开封且有塑封膜的状态,展示三包凭证、使用说明、充电线等配件
外观讲解	可以从手机的配色、工艺、材质、尺寸、重量开始介绍,再介绍边框、接口位置
功能介绍	介绍手机的功能,如通信功能（打电话、发短信、高清视频通话、语音通话等）、娱乐功能（如玩游戏、播放音乐和电影）、拍照和摄像功能、导航功能、支付功能、健康管理功能、智能家居功能等
规格参数介绍	机身内存、屏幕尺寸、屏幕刷新率、摄像头像素（前摄、后摄）、电池充电功率、生物识别、充电接口、操作系统、网络支持（是否支持5G、是否支持双卡双待）
系统优势介绍	可从系统新增功能、流畅度、隐私保护、界面可操作性展开介绍

（5）课程类商品拆解要点。网络课程开辟了互联网教育的新模式,教师通过在线教学将知识传递给学生。在推荐网课时,主播可以通过名师效应、课程质量、优惠活动等维度来进行介绍。课程类商品拆解要点见表5-15。

表5-15　课程类商品拆解要点

拆解维度	拆解要点
名师效应	人们都更信服优秀的教师,资深名师的确能够扩大网课的影响力。也就是说,教师是否优秀是网课是否受欢迎的主要因素。在推荐网课时,可以主要介绍课程执教

（续）

拆解维度	拆解要点
课程质量	课程内容也是决定网课是否受欢迎的关键。要想吸引更多的用户，主播就要多推荐金牌课程
优惠活动	在相似商品如此多的情况下，优惠活动就成了吸引用户的有效手段，让用户觉得划算，自然会吸引更多人。可以通过免费试听、低价、优惠券等方式引导用户下单购买

（6）图书类商品拆解要点。图书作为一种传统纸质媒介，既是精神产品，又是物质产品。主播在直播间推荐图书类商品时，可以参照表 5-16 的拆解要点进行介绍。

表 5-16　图书类商品拆解要点

拆解维度	拆解要点
作者简介	作者的个人经历、性格特征、写作风格、思想理念与图书内容有着直接的联系，其影响力是直播间推广图书的有利因素
图书内容	如果要推荐一本书，可以从图书的内容挖掘用户痛点。比如，孩子不听话的时候你是否会暴跳如雷？孩子是否会犯同样的错误？那么这本由××编写的××，针对生活中遇到的育儿难题给出明确的指导
图书质量	虽然用户购买图书主要是消费其精神内容，但是精神内容还要靠物质形式来体现。因此，图书的整体设计，如排版、纸张、图文、配套资源等要能满足用户的使用需求，包括便利性需求、情感需求和收藏需求等

力学笃行

直播间商品讲解话术公式："五步营销法"

1. 引入痛点

有没有夏天一晒皮肤就泛红，冬天一遇热水脸部就会红肿的女生？有没有平时吃得油腻或者是作息不规律就长痘痘的女生呢？

2. 抬高需求

今天我给大家推荐一款自用的修护精华，只要你的肌肤开始"闹情绪"，这一瓶就可以稳稳地拿捏住各种肌肤带来的"不愉快"。

3. 介绍卖点

这款精华是纯植物芳香精华，就是帮皮肤镇定、修复和维稳，让皮肤不过敏，让你肌肤的"小情绪"都舒缓下来。肌肤状况调整好之后，再去用化妆品，化妆品才会被吸收。皮肤调整不好，用再多的化妆品都不会吸收。

4. 建立信任

它真的好用,我是敏感肌,这也是我一直在用的回购款。它是××集团旗下专门做芳疗的护肤品牌。这家公司的产品主打功效就是抗敏和维稳。

5. 促成下单

今天给大家带来的组合是限量款,精华大瓶50ml,送大家一个30ml,再送四个5ml试用装,也就是一瓶的价钱大家带回的是两个正装的量,而且再加送一盒修复面膜,一盒是五片。只有100单,姐妹们拼手速喽,3、2、1,上链接!

活动三 直播商品上下架管理

1. 商品上架管理

直播带货如何上架商品

直播销售的第一步就是要学会添加直播商品。商品上架步骤如下。

第一步:打开抖店App,进入账号主页。

第二步:在抖店主页点击"发布商品"按钮(如图5-17所示),打开"发布商品"页面。

第三步:在"发布商品"页面,根据要求添加商品标题、商品主图、商品类目、商品属性、商品详情、发货模式、现货发货时间、商品规格、售卖价、现货库存、运费模板、退货规则等信息,如图5-18所示。

第四步:点击"发布商品"即可发布商品。

图5-17 抖店主页——发布商品

图5-18 发布商品页面——填写商品信息

2. 商品下架管理

第一步：打开抖店 App，进入账号主页。

第二步：点击"商品管理"按钮（如图 5-19 所示），在"商品管理"页面找到需要下架的商品，点击"下架"按钮即可将商品下架，如图 5-20 所示。

直播带货如何下架商品

图 5-19　抖店主页——商品管理

图 5-20　商品管理页面——下架

直播间商品合理的排兵布阵，对观众留存、下单转化有很大的影响。开播之初，先热场互动，上架印象款商品引导用户下单。然后介绍当天的福利活动与秒杀商品，如整点秒杀、整点抽免单、买赠等。接下来上架利润款，也是当场直播的主打商品。需要注意的是，利润款最好与福利款相关，以便主播从福利款顺利过渡到利润款。福利款和利润款交替上架，可持续提升用户的停留时长或促进下单。在直播过程中可适时穿插爆款，通过互动促进销售，将直播间购买氛围推向高潮。在直播的下半场，推出福利款，引导用户积极互动，关注主播，留在直播间。

在直播过程中，还可以根据直播实时数据，适当调整商品上架顺序，以期获得更优的直播效果。当前在线人数较少时，可考虑提前上架福利款，吸引用户购买；当前在线人数较多时，可提前上架利润款，促进更多销售转化。

根据直播间实时数据，如观众停留时长、人均购买价值、平均在线人数、当前在线人数、转粉率、销售转化率及观看趋势、涨粉趋势等，结合任务中"低价商品"（宠粉引流）+"适中价格产品"（创造利润）的产品组合上架要求，可通过"上移""下移"操作调整商品顺序。对于已经零库存的商品，要及时完成商品下架工作。

活动四　直播互动及转化

主播在直播间介绍商品的同时，要与用户进行热情的互动，提升直播间氛围。通过直播吸引用户并不是直播的最终目的，用户向粉丝的转化能够为直播带来更大的商业价值，粉丝与用户相比较，他们具有更强的黏性和忠诚度，能为直播带来热度与曝光度，蕴含巨大的商业价值。粉丝价值已经成为衡量直播销售能力的重要指标之一。

1. 直播互动方式

（1）耐心及时回复用户疑问。在直播过程中主播常常会遇到被用户提问的情况，在此过程中主播需要注意及时对用户发出的问题进行回复。

一是要耐心回复已经回答过的问题。由于直播间是一种开放空间，用户可随时进入、随时退出，因此一些疑问可能主播已经解答过，但仍有部分新进用户因未观看到之前的内容而再次提出，此时主播需要保持耐心，继续认真回复，显示出强大的专业素养。

二是直播过程中随时关注用户问题。一场直播的时长可能在 2 小时以上，在主播不间断地输出产品信息的过程中用户可能会产生各种各样的疑问，作为主播需要在直播过程中随时关注屏幕上用户的提问，挑选反馈较多的问题进行统一解答。

三是随时询问用户是否还有疑问，避免遗漏用户提出的重点问题。整场直播下来主播需要介绍许多款产品，由于讲解每个产品的时间有限，主播在讲解时会在产品特色以及卖点等方面多分配一些时间，一些基础性问题就容易被忽略。因此主播不仅要时刻留意公屏上的问题，也需要随时询问用户是否还存在不了解的情况，以防遗漏重点问题。

（2）制造话题引发用户评论。在一些直播中，主播可以适时根据直播间的氛围和所介绍产品的情况制造一些话题引发用户讨论，这也是活跃直播间氛围、调动用户参与性的巧妙方式之一。比如：妈妈们在为孩子选择奶酪棒的时候，最看重的事情是什么呢？可以打在屏幕上，一会儿我们看看今天为大家带来的奶酪棒产品符不符合妈妈们的预期呢？

对于一些有助于直播间销售的评论，比如对直播间正在讲解的商品的高度评价，或者是收货后的良好使用体验，可以直接置顶在公屏上，给予用户信任感。

（3）设置抽奖环节提升人气。直播间抽奖是主播为提升直播间人气与用户黏性而常用的互动技巧之一。抽奖环节的具体设置形式主要有四种，分别是签到抽奖、点赞抽奖、问答抽奖和秒杀抽奖。

1）签到抽奖。主播要想实现良好的转化效果和培养固定用户群体，需要做到每日定时直播。签到抽奖就是指用户通过连续几天在直播间签到、评论，实现打卡，截图发给主播获取抽奖资格，从而实现抽奖互动的一种方式。这种抽奖形式有利于提高用户黏性，从习惯上帮助用户关注每天的直播更新。

2）点赞抽奖。点赞抽奖是根据直播间的点赞数设置抽奖环节，比如可以设置为当直播间点赞数每增加1万进行一次抽奖，这样直播间的点赞数可能就会迅速提高。这种方式的目的是给用户持续的停留激励，让黏性更高、闲暇时间更多的用户在直播间停留更长的时间，而黏性一般的用户会增加进入直播间的次数，直接提高了用户的回访量，从而增加每日观看数量。

3）问答抽奖。问答抽奖是指主播在直播过程中提出问题，让用户在评论区进行回答，主播再从回答正确的用户群体中进行抽奖的形式。为了更好地实现商品推广，主播可以设置有关商品详情页内容的问题，让用户在其中寻找答案进行回答。问答抽奖可以提高产品点击率，用户在寻找答案的过程中会对产品的细节有更深的了解，增加对产品的兴趣进而延长停留时长，提高购买的可能性。

4）秒杀抽奖。秒杀抽奖分为两种情况，第一种情况是在主播剧透产品之后、秒杀开始之前进行抽奖，这种情况下的秒杀抽奖，主播在剧透产品时要做好抽奖提示，这样可以让用户更仔细地了解产品的信息，增加下单数量，同时延长用户的停留时间；第二种情况是秒杀之后、剧透新产品之前抽奖，主播要做好抽奖和新产品介绍切换的节奏把控。

（4）与用户连麦增加热度。主播与用户连麦互动，不仅有助于提升直播间的热度、调动直播间的氛围、提高用户的积极性，还能够拉近主播与用户的距离，增加直播间用户的活跃度。

主播在与用户连麦时需要注意以下几方面的问题。

1）与用户连麦时间不宜太长。如果主播和用户连麦时间太长，就会影响整场直播的环节安排，因此主播需要有一定的控场能力，尽量将连麦时间控制在不耽误直播流程正常推进的时间范围。

2）注意与用户的连麦内容。主播在直播过程中与连麦嘉宾进行的互动，不是仅在主播和连麦嘉宾两个人之间进行，而是在直播间的所有用户面前进行，因此主播在连麦前应确定好适合所有用户聆听的连麦主题，并且在连麦过程中占据主动权，当话题发生偏转时，应及时将话题引到用户们更感兴趣的方向。

3）优先选择与忠实用户连麦。在直播间中，忠实用户往往是欣赏和支持主播的群体，选择他们连麦一方面展现出主播对于这一用户群体的感谢，另一方面可以保证和主播形成良好、有效的互动。

（5）邀请名人、达人或者企业领导进直播间。主播邀请名人、达人进直播间可以实现双赢，因为名人效应可以增加直播间的用户数量，进而提升粉丝数量。名人与主播同时宣传，对于提升主播的影响力与积累社会资源有重要辅助作用。主播也可以利用自己的影响力为名人代言的产品进行宣传推广，促进商品销售。

在一些促销的时间节点，主播可以邀请企业领导进入直播间，这样可以利用品牌背书提升直播间人气与影响力。

（6）及时回馈赞美与感谢信息。在直播过程中有一些新进直播间的用户会为主播加赠"灯牌"或者为主播送鲜花和礼物，这些物品会为主播增加人气，而在直播平台中这些鲜花和礼物都需要用户付费充值才能实现赠送，因此主播在直播过程中应该及时对用户的赞美和礼物表示感谢，体现出主播对于支持用户的重视，从而鼓励更多用户对主播表示肯定。

（7）表演才艺。直播间要想和用户互动起来，除了产品，主播的才艺也可以感染他们。有些主播会唱歌，有些主播会弹奏乐器，还有些主播非常了解中华诗词文化，会选择与用户对诗，这些才艺都会吸引大家的注意力。

2. 直播转化技巧与方法

直播转化主要包括两个方面，一是从用户到粉丝的转化，二是粉丝订单的转化。这两个方面对于提升商品成交率与销售额具有重要意义。

（1）引导用户转化为粉丝。信任是促成交易的基础。主播应与用户建立信任关系，时刻关注挖掘用户的现实与潜在需求，帮助用户解决问题与痛点，进行融洽互动交流，通过建立坚定的信任关系将用户转化为粉丝。具体技巧如下。

技巧一：专业介绍吸引用户

主播在推荐商品时，专业的语言介绍更容易引起用户的关注。比如推荐家居用品，除了介绍商品本身的特征以外，还可以介绍如何进行家装用品搭配，为用户提供简单的家装设计方案，这样就更能够建立起用户的信任，提高粉丝转化率。再如介绍一款便捷清洁膏，除了介绍清洁膏可以很方便地清洁墙壁以及家中其他地方的污渍以外，如果主播在这时候强调乳胶漆、涂料粉刷过的墙壁不能用，容易引起墙漆脱落，更会增进大家对主播的信任。

技巧二：故事场景贴近用户

主播在介绍商品的时候，可以通过场景化的故事激发用户共鸣，通过内容设计突出商品性能以及优势。比如在推荐小学生课外书籍的时候，可以通过分享孩子成长故事来激发用户共鸣，增进亲近感。当良好的共鸣互动满足了用户的社交需求时，用户就会关注主播，加入粉丝团，期待后续更好的互动分享与沟通。

技巧三：良心销售锁住用户

无论主播素养多高，话术多棒，归根结底商品才是主播与用户建立信任关系的基础。主播可以通过介绍商品性价比高、物美价廉等优势来体现商品的价值。同时要积极回答用户对商品提出的各种疑惑，获得用户的认可，增强用户忠诚度，提升粉丝转化率。

技巧四：有效沟通留住用户

在直播带货的过程中，主播需要时刻与用户沟通，主播的感染力越强，就越能带动用户的情绪，获得用户的信任。一般来讲，主播的语言要通俗易懂接地气，表现真实，不能过分夸大宣传商品的功效；遇到语言失误时，可以用幽默的表达方式来化解尴尬，重新营造直播间的活跃气氛；要保证与用户的沟通是双向的，不能自言自语；多看评论，耐心回答用户的问题与疑惑；制造话题，引导用户参与互动，对话题做出诠释，增强用户的直播间归属感。

技巧五：有效建立粉丝忠诚度

为了提升直播间人气，壮大粉丝队伍，提高产品转化率，主播可以通过设计直播间粉丝激励策略有效建立粉丝忠诚度。具体包括截屏抽奖、点赞送权益、关注有礼、根据粉丝不同等级设置不同福利、建立粉丝群等方法。

（2）促进粉丝订单转化。直播间的粉丝多，并不代表都能实现商品转化，在直播中将普通粉丝转化为愿意为直播电商付费的粉丝是订单转化的重要途径。主播除了可以通过寻求粉丝需求痛点、调动感官场景体验以及发放粉丝福利等手段引导粉丝下单外，还可以通过一些方法来打消粉丝购物疑虑，促成订单转化。

方法一：从众成交法

从众成交法是指主播利用粉丝的从众心理，促使粉丝快速下单。运用从众成交法时，主播提供的各种数据必须真实可信，不要以虚假信息欺骗粉丝，否则会极大地损害主播的信誉。另外，由于从众成交法遵循从众心理，所以，对于追求个性、喜欢表现自我的粉丝而言，也可能适得其反。

方法二：假设成交法

假设成交法是指在销售过程中，主播假设粉丝已经购买了商品，与粉丝深入地进行交流，引导粉丝做出回应。具体的做法是，主播首先判断粉丝的购物心理，在预计粉丝已经有购买意向的情况下，使用假设成交法促成交易。

方法三：限时优惠法

限时优惠法也是促成交易的有效方法，其主要是通过营造紧迫感，利用消费心理学中的稀缺效应，有效激发粉丝的购物热情，促使粉丝快速下单。相比其他优惠活动，限时优惠强调"限时"。主播在开展优惠活动前，应多强调该优惠"只限半小时""只限今天直播下播前"，这样粉丝会认为优惠活动是稀缺的，如果错过就很难再等到了。"限时"二字可以放大优惠活动在粉丝心中的价值，激发粉丝的购物热情。

> **力学笃行**
>
> **运用场景化描述促进用户"转粉"示例**
>
> 示例一：最怕春夏交接的时候，尤其北方温差大，穿少了冷，穿多了热。最关键的是，北方春天单穿一条裙子还有点冷，再买一件心爱的衣服，穿不了几次就过季了，就会觉得很浪费。这套衣服就不用担心这个问题，裙子可以单穿，搭这件小外套也很漂亮，关键穿的周期很长，觉得自己春天没衣服穿的宝宝们，买这一套准没错。
>
> 示例二：为了学化妆，买过很多大家说的网红色，却不适合自己，浪费了很多钱；按照达人的推荐，买了很贵的大牌化妆品，改来改去，感觉太浪费了。有些化妆品防水效果太好，改妆很麻烦，根本就不适合新手。咱们这个，价格实惠，好上妆，棉签沾水就能改妆，特别方便，新人拿来练练手挺好的。等宝宝们的化妆技术提高了再去买更好的。而且，咱们这个色号特别齐，你买一套就可以尝试所有的流行色彩。
>
> 示例三：工作结束后回到家，看着沙发上堆积的脏衣服，再看看房间里简陋的布置，就会觉得特别心酸。但是在我花了几十块钱买了这套超有艺术感的碗筷以后，每次吃饭的时候，我都感觉自己像在一个很梦幻的地方，心中充满了对美好未来的期待。

活动五　直播控场及异常应对

1. 直播间氛围控制

直播间的气氛把控，主要在于主播知道如何激发粉丝的兴趣。很多新手主播开播之后发现，许多新粉进入直播间没几秒就跑掉了，很难留住粉丝。为了更好地激发粉丝的兴趣，控制直播间氛围，可以采取以下对策。

（1）主动出击，点名打招呼。对于进入直播间的朋友，我们一定要主动问候，最好是点名欢迎，主播点名欢迎新进直播间的粉丝，会让粉丝有种受重视的感觉，进而增加他们留在直播间的概率。

（2）一鼓作气，抛出话题。要及时与留在直播间的粉丝聊天互动。可以聊天气、聊热点，不要想着一开播就卖货。除了这些，比如美食、旅游、热播剧等，都是人气比较高的话题，容易引起粉丝共鸣，参与互动。

（3）直播中巧妙避免"尬聊"。直播过程中最怕直播间突然安静下来，此时主播通常会绞尽脑汁地想该聊点什么，聊哪个话题合适。其实这种情况更考验主播随机应变的能力和情商。至于聊什么，每个主播的风格和定位是不一样的，每天的直播内容也是不一样的，需要酌情处理，但是也有一些通用技巧。避免"尬聊"的通用技巧如下。

1）关注热门话题。在直播带货中，主播需要紧密关注当前的潮流热点和话题事件。通过研究市场趋势和观众喜好，主播可以了解什么话题是当前观众最感兴趣的，然后在气氛尴尬的时候及时切入，有利于化解冷场。

2）发红包、优惠券。直播时找一些有互动性的话题，可以在适当的时候发红包、发优惠券等，提高直播间的活跃度。

3）与粉丝拉家常。服装类直播间可以聊聊拜年穿搭、约会穿搭、聚会穿搭等；美食类直播间可以讲讲送礼的礼仪礼节，如给长辈送礼的礼节等；美妆类直播间可以讲讲适合不同场合的妆容，比如见长辈的妆容、见未来公婆的妆容、见朋友的妆容等。

很多时候，主播说直播间冷场、没话聊，最重要的原因还是直播间里的粉丝太少，互动不起来，自言自语久了就会觉得无聊尴尬，所以重点还在于多吸引粉丝。

（4）正确把控直播节奏。一场完整的直播通常持续几个小时，把控直播节奏，可以有效保证直播进行得有条不紊，实现场景、人员、道具、商品的协调。由于直播电商活动是实时信息的传送，直播团队要明确时间节点与关键任务，保证直播顺利完成。主播在介绍商品的过程中，也要尽量避免商品信息过于冗长复杂，要适时停止对商品的推荐，立刻上架商品链接，刺激粉丝用户下单。

2. 直播间公屏管理

直播间主播与客服回答用户的公屏问题其实是有很多技巧的，回答好了能提升直播间形象，为直播间"涨粉"；相反，回答得不好则会造成直播间粉丝流失。

（1）避免一一回复。直播间主播和客服一一回复粉丝的问题，表面上看似服务很周到，其实不一定能真正实现粉丝与订单转化。需要明确的是，并不是所有粉丝的提问都必须一一回答。有些问题可以选择性回答，而那些无关紧要或频繁提问的粉丝则可以适度忽略。通过巧妙处理粉丝提问，主播可以提高回答效率，使直播更加精彩纷呈。

（2）客服与主播分工明确。粉丝提出一些常规性的问题，例如，"我的货为什么还没收到？""多久发货？""请问发什么快递？"这些问题需要客服主动联系粉丝解决，最好不要占用主播的时间进行回复。但是如果公屏问题与产品的卖点相关联，这样的问题最好是由主播来回答。例如，"这件卫衣会不会起球啊？"主播就会抓住这个机会马上回复，"放心啊，这件卫衣是不会起球的，我们是××品牌的，卫衣的材质是××，是不会起球的。如果收到的货有起球现象，我们是支持退货的，退换货费用我们来承担。"在回答这个问题的时候，其实相当于主播非常真实地讲述了一个产品卖点，还给了粉丝一个售后保障，对于直播来说是加分的。

（3）屏蔽恶意评论。当粉丝在公屏上发表具有侮辱性或者攻击性的语言评论时，客服可以限制此用户进行公屏评论，以维持直播间良好的直播节奏与秩序。

3. 直播间异常应对

直播具有即时性，是实时发生的，内容没有经过后期剪辑，全部实时呈现出去，因此，直播中发生任何失误都有可能造成直播间异常和直播危机。通常情况下，直播中会遇到电路中断、网络中断、设备故障、主播口误、链接失效、广告乱入、价格设置错误、优惠券发放失败、关联赠品设置错误、"黑粉"差评等问题。直播中出现异常不仅会影响直播效果，还可能进一步影响品牌商品的声誉与信誉。遭遇直播异常时，选择正确的处理方法，可以将负面影响降至最低，还可能化危机为转机。

（1）事前做好防范工作。意外情况的发生往往与事先的准备不足有关。因此，在直播开始前，主播应先进行详细的准备工作，包括检查设备是否正常运作、网络连接是否稳定等。此外，应提前分析直播可能出现的风险，并做好相应的预防措施，如备用设备、备用网络等。只有做好预防工作，才能最大限度地降低意外事件的发生概率。

（2）有效管理自我情绪。直播间出现异常多为突发事件，具有一定的不可预测性，运营团队通常在异常发生前对相关信息掌握比较少，因此一旦处理不当便容易出现慌乱。整个团队尤其是主播，在面对恶意语言攻击、产品差评等突发情况时，要及时调整好心态和情绪，做好自我情绪管理工作。要学会理性应对粉丝的情绪，学会换位思考。当主播发现自己的情绪受到影响时，在保持微笑的同时可以通过转移注意力的方式，提出新的话题重新开展互动。

（3）积极应对技术故障。技术故障是直播中常见的意外情况之一。当出现技术故障时，主播应保持冷静，并立刻寻找解决方案。首先，可以尝试重新启动设备或重新连接网络。如果问题仍未解决，应及时与技术人员取得联系，寻求帮助。在故障处理期间，可以与粉丝进行互动，告知他们发生了技术故障，并保持沟通，以免粉丝误解。

（4）应急预案。在直播开始前，主播应建立起应急预案，并确保团队成员都熟悉和掌握。应急预案应包括可能出现的各种意外情况，并制定相应的处理流程。

（5）关注粉丝反馈。粉丝是直播的重要组成部分，他们的反馈是判断直播效果和意外情况处理是否得当的重要依据。因此，在直播过程中，主播应时刻关注粉丝的评论和留言，并积极回应。如果粉丝遇到问题或意见，应及时解答和回应，避免粉丝与主播发生矛盾冲突。

（6）充分沟通合作。直播涉及多个环节和多个人员的合作。在处理意外情况时，主播应与团队成员保持紧密的沟通和协作，共同应对意外情况。如果团队中有专业人员，主播应及时与他们进行有效的沟通，并听取他们的意见和建议。

（7）客观面对问题。直播时的意外情况是难以避免的，主播应以客观的态度来面对问题。当意外情况发生时，主播应冷静分析问题的原因，并总结经验教训。只有通过客观的态度和对问题的深入分析，才能更好地提高自己的应变能力和处理意外情况的能力。

总之，在直播时处理异常情况需要主播具备冷静、应变、沟通和团队协作的能力。同时通过做好预防工作、建立应急预案、关注粉丝反馈等措施，可以最大限度地降低异常情况对直播的影响。

德技并修

培养孜孜不倦的终身学习型主播

习近平总书记强调，要建设全民终身学习的学习型社会、学习型大国，促进人人皆学、处处能学、时时可学，不断提高国民受教育程度，全面提升人力资源开发水平，促进人的全面发展。作为一名主播，也要把终身学习理念贯穿于职业生涯全过程，积极养成终身学习的良好习惯，不断自我更新，优化知识结构，为未来的职业发展、人生发展奠定良好基础。

作为一名直播带货主播，需要学习以下几个方面的内容。

（1）产品知识。了解所销售产品的特点、功能、用途以及与竞争产品的区别。只有对产品有深入的了解，才能更好地向观众介绍和推销，并回答观众的问题。

（2）销售技巧。不断学习一些有效的说服和引导粉丝购买的方法。例如，如何突出产品的卖点，如何使用情感化手法吸引粉丝购买等。

（3）演讲和表达能力。要学习如何清晰地表达自己的想法，如何以简洁明了的方式介绍产品，如何调动气氛等，这些能力都是需要不断锻炼和提高的。

（4）观众互动技巧。学习如何与观众建立良好的互动关系，如何回答观众的问题，以及如何增强互动体验。

（5）直播平台操作技巧。熟悉直播平台的操作，例如了解如何设定标签、设置商品链接、选择合适的直播场景等。

（6）市场趋势和行业动态。学习一些市场营销的最新趋势，可以帮助主播更好地定位自己的直播内容，并实现更好的经营效果。

模块总结

直播营销活动并非一场简单的小型活动，如果没有清晰严谨的直播营销方案做指导，直播营销活动很有可能无法达到提前规划好的直播目标。为确保直播活动有序进行，直播运营团队必须明确每一场直播的思路，提前做好直播排期与直播预告发布，设计好整场脚本与单品脚本，主播要非常熟悉商品本身与商品讲解话术，其他团队成员配合主播做好直播互动、直播控场以及直播异常应对等工作。

素养提升课堂

中华传统玉器直播间"出圈"，激发非遗文化传承新活力

"清代中期，扬州成为全国玉材的主要集散地和玉器制作中心之一，由此有了'天下玉，扬州工'的说法。"江苏省工艺美术大师朱士平走进抖音"玉缘扬州"直播间，和网友聊了五个多小时的玉知识。和玉石结缘40余年的朱士平笑言，过去他一直在幕后从事玉雕工作，现在他也和年轻人一样鼓起勇气走到镜头前，与大家一起分享交流玉知识。"扬州玉雕有哪些品种？玉雕精品应该如何挑选？"在直播间，慕名而来的观众提出了心中的疑问，朱士平都一一解析。在朱士平的直播间里，更多的是引人入胜的玉雕精品和传统非遗玉雕技艺的解密。

玉雕、漆艺、通草花……历史文化名城扬州有着一批非遗技艺，也有着一批像朱士平一样坚守传统工艺的大师。近年来，一直在幕后默默耕耘的中华非遗传承人、工艺大师纷纷走到镜头前，将中华瑰宝的匠心独运精心介绍给大家。

"对于我们老字号企业来说，直播不仅是为了卖货，还可以展示扬州玉雕的底蕴，让我们扬州玉器厂的历史故事、经典技艺得到更多年轻人的关注。"扬州玉器厂抖音直播相关负责人介绍，近年来他们尝试在抖音电商平台上打造了一批自带流量的玉雕大师账号，让网友全方位了解"扬州工"。

2021年11月，扬州玉器厂打造了"玉缘扬州"的抖音号，并将直播间直接设在了中国·扬州玉器博物馆内，每周固定时间直播馆藏精品和扬州玉雕的创作新品。老一辈的非遗传承人，正在起步探索电商"蓝海"，与年轻人一起齐心合力，促进老字号传统文化的传承与创新。

案例分析：中华文化传承人在数字时代"乘风破浪"，"以古人之规矩，开自己之生面"，借助数字化科技发展新时代，精雕细琢发扬匠心精神，传播社会文化正能量。推进文化自信自强，激发全民族文化创新创造活力，增强实现中华民族伟大复兴的精神力量。

赛证融通

一、单选题

1. 以用户的需求为出发点，通过提炼直播间商品亮点、特点进行策划的直播标题类型是（   ）。

    A. 活动型标题　　　　　　　B. 内容型标题
    C. 福利型标题　　　　　　　D. 热点型标题

2. "枕头选不对，一夜难入睡"运用的直播标题策划技巧是（   ）。

    A. 借助热点　　　　　　　　B. 逆向表达
    C. 巧用疑问　　　　　　　　D. 直击痛点

3. 直播脚本分为整场直播脚本和（   ）。

    A. 单场直播脚本　　　　　　B. 开场直播脚本
    C. 单品直播脚本　　　　　　D. 多场直播脚本

二、多选题

1. 单品直播脚本的撰写要点包括（   ）。

    A. 直击痛点　　　　　　　　B. 突出卖点
    C. 建立信任　　　　　　　　D. 引导转化

2. 直播话术设计要点包括（   ）。

    A. 直播话术要具有专业性　　B. 直播话术要体现出真诚
    C. 直播话术要有趣　　　　　D. 畅所欲言

3. 食品类目商品讲解要点包括（   ）。

    A. 食品配料　　　　　　　　B. 口感风味
    C. 营养价值　　　　　　　　D. 价格优势

三、判断题

1. "大学新生开学季必备""美好端午，'粽'是有你"，这属于借助产品利益进行

直播标题策划。(　　)

2. 直播现场固定机位后，要注意观察直播时用户端手机内商品的展现角度，确保商品能得到全面展现，避免出现互动区挡住商品的情况。(　　)

3. 制订月度直播排期计划时，不需要制定每一场直播具体的开播时间和开播时长。(　　)

4. 设计直播话术应当尽量口语化，以提升与用户的亲近感。(　　)

5. 在一些促销的时间节点，主播可以邀请企业领导进入直播间进行互动，这样可以利用品牌背书提升直播间人气与影响力。(　　)

模块六　直播间推广及用户运营

模块六　直播间推广及用户运营

学习目标

知识目标

1. 了解自然流量和付费流量的来源；
2. 掌握直播间引流的方式；
3. 熟悉洞察用户数据的方法和工具；
4. 掌握精准用户运营的四个角度。

技能目标

1. 能够使用引流方法为直播间获得流量；
2. 能够及时获取并分析用户数据，为经营决策提供支持；
3. 能够触达用户并能够使用营销工具和方法进行精准用户运营。

素养目标

1. 培养主动观察市场的积极性和敏锐的营销直觉，提高对消费者行动的洞察力；
2. 提倡理性消费，合理调动消费者积极性，科学引导购买行为；
3. 提升大局观，增强总揽全局的能力。

情境引入

经过一段时间的团队磨合,艾特佳电商公司的直播间流量已经比较稳定,直播间的销售额也有较大的提升,主播小凡也已经是一位相对比较成熟的主播了。但是最近有一个问题一直困扰着整个团队,作为平台的中小型直播间,如何能够进一步提高直播间的流量,又如何沉淀一批忠诚度较高的粉丝呢?

任务一 直播间推广

任务描述

酒香也怕巷子深。

移动互联网时代,流量就是力量。掌握了流量,就有了用户;而有了用户,就拥有成交的可能。对于运营小珂和主播小凡而言,获取流量并转化流量成为当前的主要工作任务。

任务实施

直播间推广又称直播引流,指利用多种方法,吸引、引导用户进入直播间,增加直播间的在线人数。

活动一 认识直播间流量类型

随着直播平台用户数量的不断增长,越来越多的品牌和商家开始在直播平台上开展营销活动。抖音直播间作为品牌或商家在抖音上进行宣传和销售的重要渠道,其流量来源主要分为自然流量和付费流量两大类。

1. 自然流量

自然流量指的是通过各种非付费渠道获得的流量。自然流量的获取和转化是提升每场直播效果的关键,做好每场直播自然流量的承接和转化也是获得下次直播自然流量推送的关键。抖音平台的自然流量来源主要有推荐 feed、直播广场、同城、其他推荐场景、短视频引流、关注、搜索、个人主页 & 店铺 & 橱窗、抖音商城推荐、活动页、头条西瓜、其他等几种类型。

（1）推荐 feed。用户通过直播推荐算法在推荐 feed 流中看到直播间和直播间的入口，并且进入直播间。抖音会根据账号的标签和兴趣爱好，向标签用户推荐相关的直播内容和短视频，可以通过标签设置和内容创作提升曝光率。需要注意的是，此处的流量是用户通过平台内容的分发看到的直播间，不包括通过广告看到的直播间。

（2）直播广场。打开抖音 App 后点击左上角的"≡"图标，然后点击"直播广场"就可以进入直播间观看直播。

（3）同城。抖音同城推荐机制会在用户打开抖音时，向其推荐同城内的直播内容和短视频，可以通过直播内容和互动行为提升曝光率。

（4）短视频引流。用户刷到一条未投流的短视频，点击短视频中的作者头像进入直播间。

（5）关注。用户从关注页的入口进入直播间。平台利用粉丝和账号之间的连接性，当关注的账号直播时，抖音会对在线的粉丝进行推荐。

（6）搜索。用户通过搜索"直播"或者任意词进入直播间。

（7）个人主页 & 店铺 & 橱窗。用户访问账号主页，点击头像呼吸灯进入直播间；用户访问店铺主页 / 橱窗主页，点击顶部的直播预览画面进入直播间或下拉进入直播间。

（8）抖音商城推荐。从"抖音商城"的"我的订单"下方"直播精选"进入直播间。

（9）活动页。抖音官方策划部不定时举办针对不同行业各种各样的活动，一般活动页的直播入口会在直播间里面和在刚打开抖音的推荐页面左上方。推荐活动包含平台大促活动、行业活动和其他平台活动。

（10）头条西瓜。直播被平台免费推送至今日头条、西瓜视频，可通过浏览今日头条和西瓜视频进入直播间。

2. 付费流量

付费流量指的是通过各种渠道花钱购买的流量。付费流量通过各个付费渠道投放引流进直播间，如抖音的巨量千川、DOU+ 推流、竞价广告、小店随心推、其他广告等。付费流量可以帮助直播间带来精准用户，是冷启动和撬动自然流量的重要工具。

（1）巨量千川。一种电商广告平台，可以通过设置投放目标、优化投放策略等方式提升直播间流量。适合抖店电商转化场景，需要绑定抖音账号以及抖音店铺，才能进行千川投放，投放转化目标是直播间带货以及图文短视频带货。巨量千川移动场景下，也可使用小店随心推。

（2）DOU+ 推流。一种付费推广工具，可以通过购买 DOU+ 服务，增加视频的播放量和互动量。DOU+ 投放是抖音为创作者提供的内容预热平台，可投放直播间人气、直播间涨粉、提升浏览/评论/点赞/粉丝量等转化目标，不仅可以给自己的视频或直播间投放（自投），还可以给其他人的视频或直播间投放（他投）。

（3）竞价广告。一种按照广告竞价排名的付费推广方式，可以通过提高广告竞价价格，提升直播间流量。

（4）小店随心推。小店随心推是"巨量千川"抖音 App 端版本，是为电商用户提供的简化营销工具。通过小店随心推可对直播间进行加热，具体分为两种方式。

1）直接加热直播间。为用户展示直播实时画面，吸引用户进入直播间。

2）视频加热直播间。为用户展示加热视频，吸引用户进入直播间。

以上是抖音直播间的主要流量类型，根据不同的需求和目标，可以选择不同的流量类型进行推广。同时，在使用付费流量推广时，需要注意控制投放时间和效果，避免过度投放导致成本过高的风险。

力学笃行

直播间的穿透率

直播间的穿透率就是从直播预览界面点击进入直播间的比例。用户感受到的流量其实是直播间的点击数量，也就是场观数量，但是先有直播间的曝光，才有直播间的点击。当系统把直播间通过信息流推送到用户界面时，是一个直播预览画面，如果用户感兴趣可以点进去，就能看到真正的直播间。同样是 10 万的曝光人数，穿透率 10%、20% 和 30% 带来的直播间场观肯定是不一样的。在直播间曝光量一定的情况下，提高穿透率就是提高直播间的流量、场观和网站独立访客数。

活动二　认识直播间引流方式

1. 直播前的预热引流

直播前的预热是为了让用户提前了解直播的内容，这样对直播感兴趣的用户就可以在直播时及时进入直播间，从而提高直播间的在线人数。直播前的预热引流主要有以下几种方式。

（1）直播平台私域场景引流。对于抖音、快手等短视频平台来说，商家可以利用的私域场景主要是账号名称、账号简介和粉丝群等。

商家在直播之前可以更新账号名称和账号简介，如在账号名称中加括号备注直播信息，也可以在账号简介中以文案的形式说明自己的直播时间，如"每天 ×× 点开始直播"。

模块六 直播间推广及用户运营

商家也可以创建自己的粉丝群,并将加入粉丝群的方式直接展示在自己的主页中,用户加入粉丝群后,商家可以在粉丝群里公告直播信息。

(2)短视频引流。很多主播在直播前都会发布短视频,有些主播还会反复、频繁地发布短视频。这些短视频一方面是通知粉丝主播即将开播,另一方面则是为了造势,让更多的用户看到直播预告,进入直播间。短视频预热是开播前非常重要的引流方法,可以通过视频标题和贴纸告诉用户直播的时间。

在预告视频中,详细告知用户参与活动的商品,并且重点突出活动力度,以及直播间粉丝可以获得哪些小礼物等,吸引用户关注直播间。

(3)多社交平台引流。如果直播团队有品牌自媒体矩阵,还可以多渠道配合做直播预告。很多头部主播每次在直播前,都会在微博上通过文字、海报、链接等告知微博粉丝直播的时间、优惠活动,以及参与的艺人等。多社交平台引流用图文结合的方式会更直观。

除了微博,直播团队也可以利用公众号、知乎、小红书等渠道,为直播流量加持,将多渠道的粉丝集中吸引到直播间,为直播间增加人气。

2. 直播中的互动引流

直播中的互动引流策略有很多,如派发购物红包或福袋、发放商品优惠券等。

(1)派发购物红包或福袋。一场完美的直播离不开主播与粉丝之间的互动,粉丝越活跃,直播效果越好。派发购物红包或福袋是直播间比较常见的一种调动气氛的手段。下面以派发购物红包和福袋为例讲解直播间需要关注的具体节点。

1)派发红包。

① 刚开始直播时,观看直播的人数较少,间断发放小额红包,可以为直播间积累人气,吸引更多人进入直播间,人数增加后再发放大额红包。

② 在线人数平稳时,商家可增加红包发放数量,让更多用户可以抢到红包,避免用户中途退出。若抢红包的重复率太高,发红包的时间要延长,让更多新进入直播间的用户可以抢到红包,以便稳定在线人数。若直播间在线人数有所下降,商家要立刻派发红包,以吸引用户观看直播。

③ 在线人数达到峰值时,商家可发放大额红包,并增加红包数量,争取最大限度地进行外推和拉新,加强曝光效果。

④ 在某个节点派发红包,如点赞满2万时派发红包。千万不要在固定时间点派发红包,如整点派发红包,因为这样用户可能只会在固定时间点进入直播间抢红包,直播间的互动性会差很多。只有在与用户的互动达到某一节点时派发红包,用户才会更有参与互动的积极性,才能更快地提升直播间的人气。

2）派发福袋。福袋分为抖币福袋和实物福袋，抖币福袋是给中奖粉丝发放抖币，实物福袋是给粉丝发放非抖币物品。每种福袋分为粉丝团福袋和全民福袋。目前，抖币福袋默认都有权限，10万+粉丝的主播会自动开通实物福袋权限。

① 抖币福袋。粉丝团福袋和全民福袋唯一的区别是，粉丝团福袋需要选择粉丝团成员等级，也就是参与福袋的粉丝团等级必须大于等于设置的团成员等级。其他选项的含义如下。

A. 人均可得抖币：粉丝中奖获得的抖币数量。

B. 中奖人数：参与的粉丝中中奖的数量。

C. 参与方式：粉丝参与福袋的方式，如口令参与、分享直播间参与、完成心愿单参与等。口令参与是指设置输入口令，一般为商品或品牌的广告语，参与的用户在输入口令的同时能对商品或品牌产生一定程度的印象，从而加深用户对商品或品牌的记忆。

D. 口令：如果选择的参与方式是口令参与，主播需要填上希望粉丝评论的口令。

E. 倒计时：福袋从发放到开奖的时间。

抖币福袋派发页面如图6-1所示。

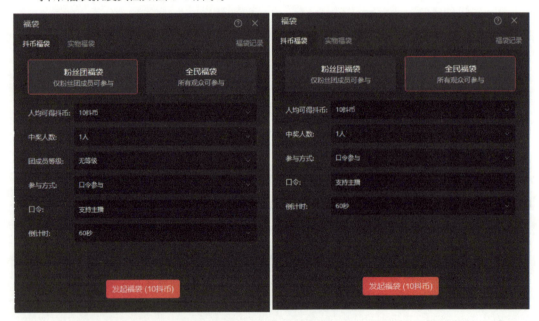

图6-1 抖币福袋派发页面

② 实物福袋。实物福袋需要和奖品描述一致，发放之后，中奖粉丝填写完地址7天内，主播必须发货并上传物流单号，否则平台有权收回福袋权限。实物福袋的选项相比抖币福袋，多了以下几项。

A. 奖品名称：粉丝中奖后的奖品，建议和奖品描述一致，粉丝可见。

B. 奖品信息：奖品的描述信息，仅内部审核可见，辅助审核了解奖品，以便快速过审。

C. 联系电话：强制填写真实手机号码。

实物福袋派发页面如图 6-2 所示。

图 6-2　实物福袋派发页面

（2）发放商品优惠券。商品优惠券是虚拟电子现金券，在直播间购买商品时，用户可以使用获得的优惠券抵扣现金。发放优惠券这一引流策略具有较强的灵活度和更大的选择权，优惠券的面额、发放对象及发放数量完全由商家决定。

发放优惠券的成本很低，并且发放对象多是直播间里的用户，能实现精准投放。发放优惠券可以加强用户与商家的互动，同时能够强化直播的变现能力。如果用户对商家推荐的商品比较满意，那么此时商家向其发放优惠券就能够有效刺激用户将消费想法转化为行动，刺激用户产生消费行为。优惠券的发放方式有以下几种。

1）直播间展示。主播可以在直播间内展示优惠券信息，例如将优惠券的二维码或优惠码贴在直播间的画面上，提醒消费者领取。

2）实时发放。主播可以在直播过程中随机发放优惠券，例如通过抽奖的形式，让幸运观众有机会获得优惠券，增加互动性和参与度。

3）时段限定。主播可以设置一段时间内发放优惠券，例如在直播开始的前 10min 或直播结束前的最后 5min 内发放优惠券，制造紧俏感，增强抢购欲望。

4）互动环节。主播可以在直播中设置互动环节，例如提问、分享等，让观众参与互动后获得优惠券奖励。

直播带货中，通过优惠券的发放可以有效提高商品的销售量，吸引消费者的注意力。在进行优惠券发放时，需要注意有效期设置、使用规则明确以及数量控制等问题。同时，还可以通过个性化推送、发放环境优化和激励分享传播等方式进行优化运用。通过合理利用优惠券的发放策略，可以提升直播带货的销售效果，增加用户参与度。

另外，创建定向优惠券通常可以更好地发挥作用，定向优惠券需要用户关注商家以后才可以领取，商家发放这种优惠券可以将对商品感兴趣的用户转化为粉丝，增加直播间的粉丝数量，这对于整个直播间上热门可以起到意想不到的作用。

3. 直播后引流

通常主播做直播并不是只做一场后就不做了，而是会持续做，因此，直播后直播团队还需要将"流量"变成"留量"。这就需要直播团队在直播后做好后端变现和维护，常用的引流方法有以下两种：做好粉丝维护、将直播视频剪辑成精彩短视频。

（1）做好粉丝维护。直播结束后，直播团队一定要做好粉丝的维护，促进老用户的复购，同时进行口碑宣传，引导新用户关注，争取拥有更多的流量。维护粉丝需要做好售后和建立粉丝群两项工作。

直播团队要想长期做好直播营销，一定要搭建粉丝群。直播结束后，直播团队可以在粉丝群里定期举办一些活动或者发放红包或小礼品，加强与粉丝之间的联系。此外，直播结束后直播团队可以在粉丝群里发送通知，为下次直播引流，让直播在一开始就能达到一个比较好的人气基础。

（2）将直播视频剪辑成精彩短视频。在直播后，商家还可以将直播视频剪辑成有趣画面汇总、干货总结等，并发布到流量大的自媒体平台，让每一个有兴趣的用户都能产生关注甚至分享，从而引来更多的流量。

活动三 认识付费推广直播间

直播平台内的付费推广是提高直播间人气的有效手段，我们以抖音直播为例介绍付费推广引流方式。

1. 巨量千川

（1）巨量千川简介。巨量千川是巨量引擎旗下的电商广告平台，为商家和创作者们提供抖音电商一体化营销解决方案。巨量千川推出抖音移动端小店随心推、PC端极速推广和专业推广三个版本（如图 6-3 所示），让具备不同经营能力的商家都能轻松上手，跟随商家成长的不同阶段，有效带动商家电商营销从入门到精通。

图 6-3 巨量千川产品版本

巨量千川搭建自动化投放系统，提供选品、预算、出价、定向的建议和自动优化能力。完善智能创编体系，通过直播高光自动化剪辑、行业模板优化短视频内容、元素级创意分析启发，提升创意素材质量，解决商家和创作者的素材痛点。通过自动化投放系统，达成新客户一键试投，中小客户通过商品托管、店铺托管、直播间托管完成低门槛投放，品牌客户借助一键测品、日常自动补量、大促自动放量等产品能力实现投放提效。

巨量千川依托于巨量引擎数据技术优势，结合 DMP 能力，打造电商场景下的精细化人群营销，满足电商商家的人群挖掘、洞察、圈选、投放需求，并能够对电商营销全链路进行科学度量与有效归因，实时动态调整营销策略。巨量千川投放可以分为三个阶段。

1）投前提供洞察分析：投前提供店铺经营所需的人货场营销洞察，支持选品、人群圈选、制定场景投放策略，同时会基于行业沉淀提供短视频、直播内容指导，辅助商家决策。

2）投中实时诊断优化：投中提供实时的投放洞察、效果反馈和内容诊断，帮助客户及时调整营销策略。

3）投后长效归因度量：投后支持系统的度量产品，帮助商家科学评估营销效果、粉丝维护，为店铺长效经营提供可靠依据。

（2）巨量千川 PC 端实操。

1）登录巨量千川平台。巨量千川平台登录入口有两个路径。

① 第一个路径，进入抖店后台，点击巨量千川即可登录，如图 6-4 所示。

图6-4 抖店后台

②第二个路径，直接登录巨量千川官网开启广告投放，其首页如图6-5所示。

图6-5 巨量千川首页

2）新建投放计划详细步骤解析。单击"开启广告投放"，弹出新建计划页面，结果如图6-6所示。

模块六　直播间推广及用户运营

图 6-6　新建计划页面

从图 6-6 中可以看到巨量千川投放有两种方式,一种是推商品,另一种是推直播间。下面以推直播间为例介绍巨量千川投放的操作步骤。

第一步,计划目标。单击推直播间中的"新建计划",弹出如图 6-7 所示的界面。

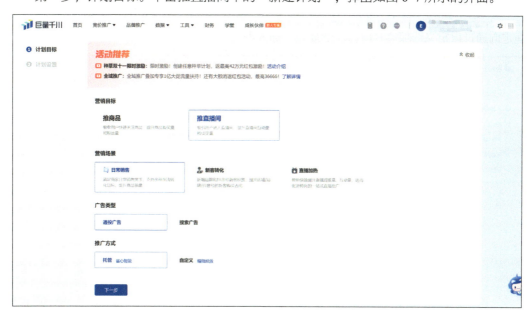

图 6-7　计划目标

第二步,计划设置。选择推直播间、日常销售、通投广告、托管,然后单击"下一步",结果如图 6-8 ～图 6-11 所示。

139

① 投放设置。首先选择要开播的抖音号。投放方式可以根据不同的需求选择"控成本投放"或者"放量投放"。优化周期、投放时间、投放时段以及日预算等，用户根据情况自行定制就可以。

图 6-8 计划设置——投放设置

② 定向人群。地域、性别、年龄这几个项目比较直观，根据需求选择就可以。行为兴趣定向通过自定义选项展开可以详细规划目标人群行为与兴趣组合。

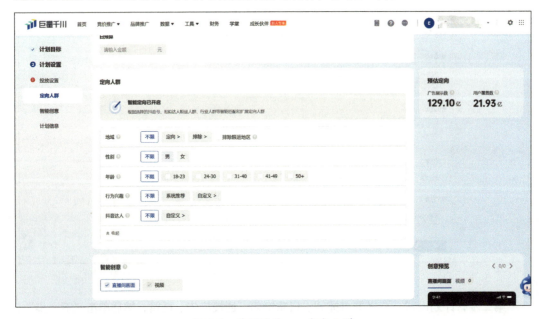

图 6-9 计划设置——定向人群

图 6-10 行为兴趣——自定义

③ 智能创意。接下来就要为直播间添加创意了,这个环节有两个选项,一个是直播间画面,一个是视频。如果选择投放视频的话,需要提前准备素材。设置完成后单击"发布计划",投放计划新建完毕。

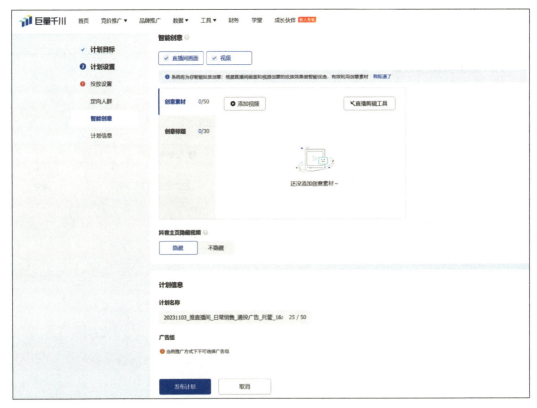

图 6-11　计划设置——智能创意

力学笃行

认识巨量千川

巨量千川分为三个版本：PC端根据投放自动化程度分为专业推广和极速推广，移动终端即为小店随心推。小店随心推是推广者在抖音移动端推广店铺产品的轻量级广告产品，适合抖音小店商家、带货达人等，更符合用户增加粉丝、点赞、评论、转发等浅层转化目标。小店随心推可以用手机为任何一个直播间做投放。小店随心推和巨量千川共用一个资金池。

2. DOU +

DOU+是为抖音创作者提供的视频内容加热工具，可有效提高视频的播放量与互动量，提升内容的曝光效果，助力抖音用户的多样化需求。DOU+的适用场景包括视频内容和直播间推广，其中短视频（含图文）推广转化目标包括位置点击、主页浏览量、点赞评论量、粉丝量；直播间推广转化目标包括直播间人气、直播间涨粉、观众打赏、观众互动。

（1）开播前使用"DOU+ 上热门"付费推广。主播可以在开播前使用"DOU+ 上热门"进行付费推广，具体操作如下。

1）进入抖音 App 主界面，点击底部的田按钮，在打开的页面中选择"开直播"选项，然后点击"DOU+ 上热门"按钮，如图 6-12 所示。

2）打开"DOU+ 直播上热门"页面，在"请选择下单金额"栏中选择下单金额；在"你更在意"栏中根据推广目的选择对应选项，如图 6-13 所示。在"你想吸引的观众类型"栏中点击"自定义观众类型"按钮，在打开的"自定义观众类型"页面可自定义设置消费者的性别、年龄、兴趣标签等，如图 6-14 所示。

3）在"选择加热方式"栏中点击"直接加热直播间"按钮，可直接增加直播间的曝光量。在"选择加热方式"栏中点击"选择视频加热直播间"按钮，通过视频吸引潜在消费者，使其进入直播间。在"期望曝光时长"栏中设置推广时长，点击"支付"完成付款后即可开始推广，如图 6-15 所示。

图 6-12 点击"DOU+ 上热门"按钮

图 6-13 设置"下单金额"和"推广目的"

图 6-14　自定义观众类型　　图 6-15　点击"支付"完成付费推广

（2）直播中使用"DOU+上热门"付费推广。主播除了可以在开播前设置"DOU+上热门"推广，也可以在直播中根据实时数据选择定向推广。如果是在直播中设置"DOU+上热门"推广，则点击直播页面右下角的"…"按钮（如图6-16所示），在打开的设置面板中点击"DOU+上热门"按钮（如图6-17所示），打开"DOU+直播上热门"页面进行设置并支付推广费用。

图 6-16　点击"…"按钮　　图 6-17　点击"DOU+上热门"按钮

模块六 直播间推广及用户运营

> 直通职场

直播投手——幕后的"流量英雄"

直播投手是直播运营岗位的细分化岗位。按照抖音官方定义，直播投手是负责直播间流量采买的角色。在直播运营中，直播投手负责冲在最前线，力图用最低成本、最高效率为直播间采买到最精准的流量。

岗位职责：

（1）负责信息流千川电商投放推广相关工作，对直播间数据负责，优化投放商品转化成本 KPI 及总目标 ROI 产值。

（2）每日监控投放营销交易数据，结合数据分析优化账户和投放素材，提升投放商品点击转化率，直播间实时引流。

（3）配合直播实时情况，优化投放方案，进行流量运营。

（4）定期针对推广效果进行跟踪、评估，并提交推广效果的分析报表，及时提出营销改进措施，给出可行性方案。

（5）对投放素材的生产制作进行把控。

任职要求：

（1）具备直播统筹和执行的经验及短视频内容分析能力。

（2）善于挖掘主播的价值，持续运营主播，在提高流量或变现方面有成功经验。

（3）熟悉各平台直播规则、玩法，懂得数据分析，能独立完成活动策划。

（4）有较强的逻辑思维能力、创意策划能力，并具备良好的沟通表达能力。

任务二 直播间用户运营

> 任务描述

持续增长的消费者资产和有效的用户转化是直播间未来持续增长的动力。只看流量无法解决核心问题，流量是消费者运营的结果。艾特佳电商公司运营总监小冉需要通过数据产品赋能，对消费者分析、洞察，完善用户画像，才能进行业务决策。于是分析直播间的用户数据，梳理和整合场景精准触达用户，进行人群的生命周期管理，监控效果并进行不断优化，成为团队一项需要长期坚持不懈的任务。

145

任务实施

对于直播电商运营而言，流量只是一个过程，并不是终点，下单购买才是流量的结果。单次购买或者关注也不是终点，还需要让用户多次购买，成为忠诚用户。我们面临的市场环境瞬息万变，供应远远大于需求，用户的需求也会不断变化。在这种环境下，就需要企业或商家去精细化地运营用户，差异化地满足用户需求。所以随着企业或商家市场规模的不断扩大，在建立起流量思维的基础上，要逐渐建立用户运营的思维，做到"以人为本"，更好地去满足用户日益增长的美好生活需要。

活动一　洞察用户数据

在数字化时代，大量的用户数据被产生、追踪和积累。这些用户数据蕴含着丰富的信息和潜在的商业价值。为了更好地了解用户需求和行为，企业应该广泛通过用户数据分析来洞察用户。

洞察用户数据是指对用户数据进行收集、整理、处理和分析，以获取对用户行为特征、需求偏好等方面的深入了解。洞察用户数据对企业的发展和营销决策具有重要的战略意义。首先，洞察用户数据能够帮助企业了解用户的行为路径和转化过程，有助于优化产品和服务。其次，洞察用户数据可以揭示用户的行为模式和消费习惯，为企业定制个性化营销提供依据。最后，洞察用户数据还能帮助企业发现潜在目标用户，拓展新的客户群体。

在直播活动中，洞察用户数据主要通过分析直播用户总览数据、新/老客户数据、用户画像数据等方式来实现。下面以抖店为例，介绍如何洞察用户数据。

1. 用户总览数据分析

用户总览数据主要分析成交人数、客单价的波动变化对店铺成交额的影响。登录抖店，在抖店首页左侧菜单栏中选择"用户"→"用户分析"，即可查看用户总览数据，如图 6-18 所示。从图中可以看出，总成交金额（GMV）= 用户成交人数 × 用户客单价（人均贡献）。

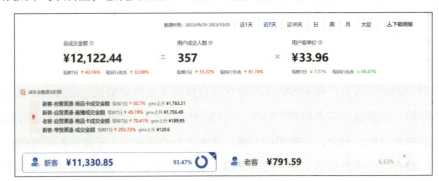

图 6-18　抖店用户总览数据

2. 新/老客户数据分析

新/老客户数据分析主要是围绕新/老客户，基于人、场、货进行成交渠道数据拆分，构建人群经营问题的分析框架，快速定位问题。在抖店首页左侧菜单栏中选择"用户"→"用户分析"，可以看到新/老客户数据主要从以下三个方面进行分析。

（1）新/老客成交构成（人）。初步拆分成交波动（哪些指标出问题），对比同行趋势变化，展现店铺新/老客户成交特征（订单数和订单价的分布）。新客成交数据如图6-19所示。

图6-19 新客成交数据

（2）新/老客成交渠道构成（场）。按照自营渠道与带货渠道进行人群成交数据拆分，分析新/老客在不同成交渠道的成交转化情况。新客自营渠道成交数据如图6-20所示。

图6-20 新客自营渠道成交数据

其中，自营渠道展示直播、短视频、商品卡等渠道的成交金额数据分布；带货渠道展示周期内带了商家商品的达人列表与对应数据。某企业自营渠道中直播间新客转化数据分析，如图6-21所示。

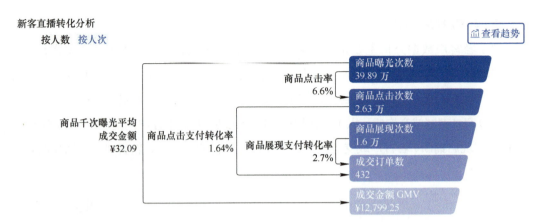

图 6-21　某企业自营渠道中直播间新客转化数据分析

（3）新/老客货品构成（货）。新/老客货品构成以商品列表的方式展示店铺对应商品成交件数排名前 50 的商品，可从中快速识别店铺内拉新能力强的商品，老客复购能力好的商品。其中，拉新能力强指的是新客占比多且成交件数多；复购能力好指的是老客占比多且成交件数多。新客货品构成中店铺内成交件数排名前 50 的商品（部分）如图 6-22 所示。

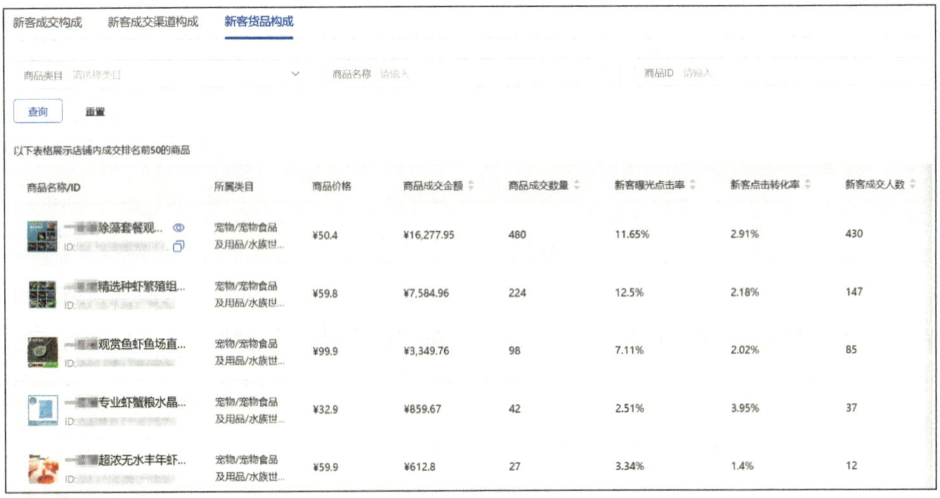

图 6-22　新客货品构成中店铺内成交件数排名前 50 的商品（部分）

3. 用户画像数据分析

"用户画像"就是用户信息标签化。在大数据的基础上，抽象出直播间用户的信息全貌，便于进一步精准、快速地分析用户行为习惯、消费习惯等重要信息。这样的标签有两类：一类是身份标签，包括年龄、性别、地域、消费能力、身份、职业等，就像身份证一样；另一类是行为标签，包括搜索过、观看过、收藏过、关注过、购买过的行为等。把标签相似度高的用户划分成一类人，最后形成直播电商用户的粉丝画像。

例如，女性用户，20～35岁之间，未婚，一二线城市居多，人均收入在8 000元左右，爱美食，喜欢旅游和动漫。像这样的一系列描述，即为用户画像的典型案例。这些标签的数目越丰富，标签越细化，对用户的刻画就越精准。

在直播过程中，可以从年龄结构、地域分布、爱好、婚姻状况、消费构成、文化水平、关注内容等标签去寻找直播间用户的共性，这些标签越清晰，越容易勾勒出目标人群的用户画像。做好用户画像，针对主要的群体进行内容输出，可以使直播运营的效果有更强的吸引力，在此基础上能够更好地制定出有针对性的运营策略和精准营销方案。

基于已积累的大量数据，抖店能够对直播中用户的地域分布、性别比例、年龄结构、知识层次、喜好倾向、社交图谱等诸多特征进行精确定位，可以得到人群特征、基础画像、交易行为、人群偏好四个方面的画像，如图6-23～图6-26所示。

图6-23　人群画像——人群特征

图6-24　人群画像——基础画像

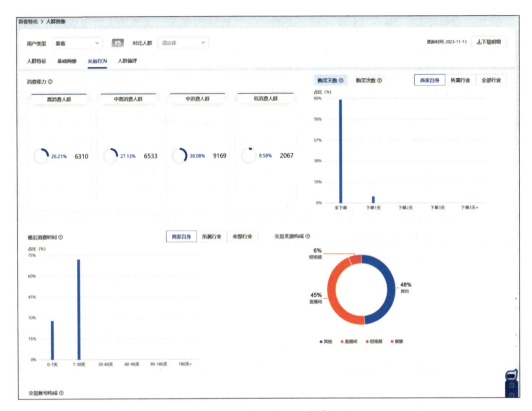

图 6-25 人群画像——交易行为

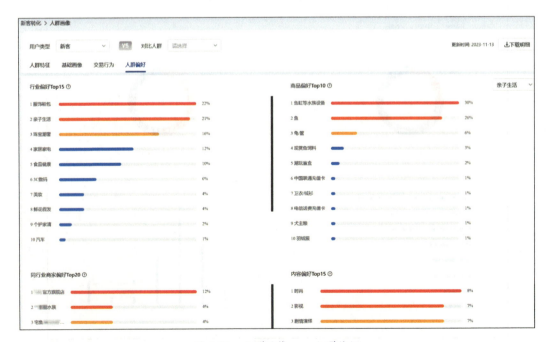

图 6-26 人群画像——人群偏好

洞察用户数据在当今互联网时代具有重要的意义。通过对用户数据的收集、整理、分析和挖掘，企业可以获取更深入的洞察，指导商业决策。同时，合理利用用户数据分析的结果，优化产品、营销策略、客户服务等方面，将为企业带来更好的发展和更大的竞争优势。因此，洞察用户数据不仅是企业发展的需要，也是适应时代变革的必然选择。

力学笃行

用户画像对直播电商运营的作用

1. 利用用户画像可以帮助商家更好地定位商品

基于用户画像，商家可以清楚地了解目标用户的需求以及行为特征，从而优化自身商品。通过分析目标用户画像，思考用户喜欢什么、消费能力如何，能够提高营销工作的针对性。

清楚了目标用户的画像，商家可以更准确地定位自己直播的商品，在直播的时候就可以将更多的精力聚焦到目标用户的内容生产上，让商品的定位越来越精准，转化率也会越来越高。

2. 利用用户画像可以优化用户购物体验

根据用户画像，商家可以为用户提供个性化的商品推荐，这有助于优化用户购物体验。直播间的用户形形色色，早上和晚上进入直播间的人群有着明显的不同。

通过了解用户的操作习惯、购买历史和偏好等信息，商家可以优化页面设计、功能设置和服务流程，从而提高用户购物体验。

3. 利用用户画像可以进行广告的精准投放

明确用户画像是广告精准投放的第一步工作，借助用户画像，商家可以将广告精准地投放到目标用户群体中；可以合理选择广告投放地域及投放时间段，在不同的时间段投放广告，直播间的流量、转化率等因素差别很大。

通过用户画像可以实现人群筛选，帮助商家针对不同营销场景的优质人群进行更精准地广告投放，达到流量精细化运营和高投入产出比的目的。

活动二　精准用户运营

用户运营是指以用户为中心，遵循用户的需求设置运营活动与规则，制定运营战略与运营目标，严格控制实施过程与结果，以达到预期所设置的运营目标与任务。用户运营是一个很烦琐的过程，运营者要充分整理分析用户数据，了解用户的需求，整合场景精准触达用户，然后解决用户的问题，更好地为用户服务。以下从用户触达、粉丝群聊管理、会员营销、购物粉丝团四个角度分析如何实现精准用户运营。

1. 用户触达

用户触达指的是根据运营需求，通过客服、短信、外呼等多个渠道高效精准触达目标用户，提升店铺经营效率。

例如，抖音平台提供了手动和自动两类共计 20 多种触达计划设置。其中手动触达计划包括服务关怀、订单关怀两类共 5 种计划，见表 6-1。自动触达计划包括权益提醒、订单关怀、飞鸽客服三类共 20 种计划。

表 6-1 抖音手动触达计划

计划类型	服务类型	计划名称	发送渠道	效果
手动触达计划	服务关怀	已购老客户吸粉	短信	针对已购且不是粉丝用户发送短信引导成为粉丝
		直播间开播提醒	短信	对经常看播的用户在直播开播时发送开播提醒
	订单关怀	延迟发货协商	客服消息、短信、智能外呼	通知延迟发货原因和预计发货时间
		缺货提醒	客服消息、短信、智能外呼	通知相关商品的缺货信息、售后方案
		尾款订单催付	短信、智能外呼	及时告知用户支付预售尾款，提升满意度

2. 粉丝群聊管理

粉丝群聊管理是指通过有效的群聊管理方法和技巧管理店铺官方建立的所有粉丝群，对粉丝群进行有效的组织和运营，以培养高价值用户，提升用户活跃度和转化率。商家可以定时群发文案、图片、视频、商品、优惠券等信息与群成员互动；可以向群内推送店铺已有优质商品、权益、活动信息，将群成员引导进直播间、店铺、活动页，低成本促活转化群成员；可以为群成员提供专属权益，通过群专属玩法，针对性拉新、促活、转化群成员。

3. 会员营销

会员营销是通过建立会员积分、等级制度等多种管理办法，将普通顾客变为会员。分析会员消费信息，挖掘顾客的后续消费力，汲取终身消费价值，增加用户的黏性和活跃度，延伸用户生命周期，将客户的价值实现最大化。

例如，抖音平台商家可以借助会员管家工具自主搭建完善的会员体系，提供相应的会员服务，并给定向会员发送上新提醒、活动通知、会员专属优惠等信息，且可以分人群批量主动触达，无需用户唤起客服消息对话框。

4. 购物粉丝团

购物粉丝团是对直播粉丝团的电商化升级，可以建立用户与店铺的亲密关系。抖音购物粉丝团是一种营销工具，可以帮助商家更好地了解用户需求和反馈，从而促进销售和增加收益。该工具支持直播期间互动，也支持非直播时段在店铺加团、做任务、领权益。对于用户而言，加入购物粉丝团成本低，可以享受到更多的购物优惠和特权，如获得专属的折扣、礼品等。此外，购物粉丝团还可以为用户提供更好的购物体验，如更快速的物流、更完善的售后服务等。对于商家而言，可按照用户层级配置差异化权益，运营成本低，能够获取更多流量。

直通职场

用户运营——站在用户的角度为企业创造价值

1. 岗位职责

（1）负责提高用户活跃度和留存率，分析数据，识别、理解用户需求，提升产品的体验和满意度。

（2）对产品的用户群体进行有目的的组织和管理，增加用户黏性、用户贡献和用户忠诚度。

（3）有针对性地开展产品推广，增加用户积极性和参与度，并配合产品需要进行推广方案策划。

（4）有一定的数据分析能力，能对产品和市场数据进行分析，并以此为依据推进产品改进。

2. 任职要求

（1）具有丰富的互联网产品运营经验或产品策划经验。

（2）具备良好的总结意识和分析习惯，善于推动改善产品体验、提升用户满意度的工作。

（3）具有很强的项目管理能力及项目执行力，能够高效地跨部门沟通和跨团队协作。

（4）性格积极乐观，责任心强，具有良好的服务意识、学习能力、抗压能力和团队合作精神。

模块总结

本模块介绍了直播间推广引流和通过粉丝运营沉淀私域流量的方法。流量可以分为免费流量和付费流量，直播间推广引流吸引免费和付费流量，在直播平台创建粉丝群提升免费流量。在直播的全生命周期，直播前、直播中和直播后都可以引流，也可以通过直播平台的付费方式引流。商家需要通过数据产品赋能，对消费者分析、洞察、完善用户画像，梳理和整合场景精准触达用户，进行人群的生命周期管理，监控效果并进行不断优化调整。

> **素养提升课堂**

非遗传承："老民艺"在直播间玩出新花样

颜云玉是一位二胡演奏者，2020年，她为了给学生录制示范视频进入抖音，从此吸引大批热爱民乐的粉丝，如今她的粉丝量已经超过500万，粉丝群十几个。几乎每天晚上颜云玉都会用抖音直播，和网友互动，直播间在线人数最多时达到2万以上，不仅让更多人发现了二胡的魅力，也吸引了很多网友为她打赏。

"把音乐和快乐带给大家是我的初衷，在我看来，为非遗直播打赏是对非遗从业者的尊重和肯定，给我们的生活提供经济保障的同时，更激励着我们不断精进内容，坚持创作。"颜云玉说。

抖音带来的改变十分直观：线上有很多网友私信联系她表示想学习二胡，她开设了线上课程，直播授课，学生遍布五湖四海，她线上的课程班里不乏年轻的学生或上班族。

像她一样用抖音传扬民间艺术的还有古筝老师曹民，他的一条古筝视频曾让学员寻找他三年；花鼓戏演员易正红将戏曲从剧院带进直播间，观众从剧场的两三千变成直播间的7万观看……近年来抖音也发起"非遗合伙人""DOU有国乐"等计划，为非遗民间艺术搭建传承的平台，提供资源，加强流量扶持。越来越多的民乐、戏曲等非遗从业者将这些传统艺术带进抖音直播间，用短视频和直播的形式弘扬地方艺术，传承创新非遗文化。

案例分析："万物有所生，而独知守其根。"不忘本才能开创未来，非遗传承需承百年之流，会当日之变。当非遗文化走进直播间，人们用点赞、打赏热情回馈非遗主播、赞赏艺术魅力时，非遗由此走上了一条不同寻常的传承创新之路。乘时代风云，汲取千年底蕴，唱响文化繁荣新曲，以自信自强的传承姿态铸就中华文化新辉煌。

赛证融通

一、单选题

1. （　　）是主播最基础的直播预热方式。

　　A. 直播预热文案引流　　　　B. 短视频引流推广

C. 付费推广引流　　　　　　D. 其他直播引流推广方式

2. (　　) 是需要额外付费购买才能获取的直播流量。

　　A. 付费流量　　　　　　　B. 自然流量

　　C. 实时流量　　　　　　　D. 站外流量

3. 下列 (　　) 不属于用户的行为数据。

　　A. 消费　　　　　　　　　B. 喜好

　　C. 搜索　　　　　　　　　D. 教育程度

二、多选题

1. 抖音平台的直播间付费推广产品包括 (　　)。

　　A. 竞价广告　　　　　　　B. DOU+ 推流

　　C. 品牌广告　　　　　　　D. 直播推荐

2. 以下用户属性中对商品选品有借鉴意义的有 (　　)。

　　A. 用户来源　　　　　　　B. 用户年龄

　　C. 用户性别　　　　　　　D. 消费水平

3. 短视频预热文案传达的信息可以包括 (　　)。

　　A. 直播时间　　　　　　　B. 直播福利

　　C. 直播亮点　　　　　　　D. 直播嘉宾

三、判断题

1. 自然流量是通过粉丝主动关注和直播平台后台依据算法系统主动向平台用户推送而获得的流量。(　　)

2. 向用户表示感谢，并预告下场直播的内容，引导用户关注直播间，将普通用户转化为直播间忠实粉丝的环节是直播收尾环节。(　　)

3. 在人数不多的新直播间，采用派发红包的方式提升直播间人气，可以在介绍完一款商品后立刻发红包。(　　)

4. 发朋友圈、拍预热短视频和付费推广都是直播间引流的方法。(　　)

5. 在直播过程中，为了让用户加深对直播的兴趣，长时间停留在直播间，并产生购买行为，主播可以使用发红包、才艺表演等方式。(　　)

模块七　直播数据分析及复盘诊断

模块七　直播数据分析及复盘诊断

学习目标

知识目标

1. 掌握直播电商运营各项数据指标的概念和作用；
2. 掌握利用相关工具对直播运营数据进行采集、分析的方法；
3. 了解直播复盘诊断和调整直播的方法和技巧。

技能目标

1. 能够借助各种工具采集并分析直播数据；
2. 能够对直播进行复盘诊断，及时发现数据异常并改进。

素养目标

1. 培养实事求是、不弄虚作假的职业道德素养；
2. 培养科学的数据素养，提高数据敏感性，提升大数据信息技术的应用和创新意识。

> **情境引入**
>
> 每场直播结束后，运营小珂都需要采集本场直播的相关数据，然后和总监小冉、主播小凡及团队其他成员一起分析本场的销售数据、粉丝增长数据、互动数据，并对比历史直播数据和对标账户的直播数据，总结本场直播的优点和缺点，对存在的问题进行优化调整，争取下一场直播中有更好的表现。

任务一　直播数据采集与分析

任务描述

习近平总书记强调："要提高全民全社会数字素养和技能，夯实我国数字经济发展社会基础。"电商具备应用大数据的天然优势，所以数据采集、分析对于直播电商运营来说是一项基础而又重要的工作。

艾特佳电商公司需要通过自身数据后台和第三方数据平台获取数据，然后进行直播效果数据分析，以此为基础优化直播效果，增加直播间的人气并提高直播带货的转化率，提升直播间的核心竞争力。

任务实施

活动一　采集直播数据

对直播间数据进行分析是支撑直播内容运营成长的核心，可以说一场直播成功与否，数据分析是关键要素。而数据分析的前提是数据采集。直播团队需要采集流量、互动、商品、转化、用户等多方面的数据，包括直播次数、直播日期、直播时间段、直播时长、观看次数、用户观看时长、粉丝人数、新增粉丝数、最多在线人数、商品点击次数、订单笔数、成交总额等。

对于上述数据，可以通过两种渠道采集：一是通过账号后台采集，二是借助第三方数据平台采集。

1. 通过账号后台采集数据

直播间账号后台通常会有直播数据统计。运营人员可以在直播过程中或直播结束后通过账号后台获得直播数据。以抖音为例，达人直播的后台数据可以通过抖音 App 或者抖音 PC 端查看；店铺直播（人店一体账号）的后台数据最好是通过抖店 App 或抖店 PC 端查看。下面以抖店的店铺直播为例介绍数据采集。

（1）从抖店 App 采集数据。从抖店 App 首页点击"数据"即可进入"数据罗盘"页面，显示的是整个店铺的交易数据，如图 7-1 所示。

继续点击"直播"，即可进入"直播数据"页面，显示当日直播概览的数据及当日所有单场直播间的基础数据。直播概览数据主要有直播间成交金额、直播间数量、观看人次等，如图 7-2 所示。

任意选择一场直播，即可进入"直播详情"页面，如图 7-3 所示。直播间详情页面显示本场直播的成交金额、累计观看人数、平均在线人数、商品点击人数、新增粉丝数、点击成交转化率、评论次数、人均观看时长等具体数据信息，同时还提供了实时在线人数折线图、流量来源柱状图、直播商品列表、用户画像等内容。

图 7-1 "数据罗盘"页面　　图 7-2 "直播数据"页面　　图 7-3 "直播详情"页面

（2）从抖店 PC 端采集数据。从抖店 PC 端首页顶部导航栏点击"电商罗盘"，即可进入抖店罗盘·经营页面，如图7-4所示。

图7-4 罗盘·经营数据页面

在罗盘·经营页面点击上方的"直播"，即可进入罗盘·经营直播页面。此页面展现了直播的概览数据，包括直播间成交金额、直播间数、直播间观看次数、千次观看成交金额等，如图7-5所示。

图7-5 罗盘·经营直播页面

任意选择一场直播，点击"详情"，即可查看本场直播的数据详情，如图 7-6 所示。此页面展现的数据和抖店 App 的直播详情页面相似。

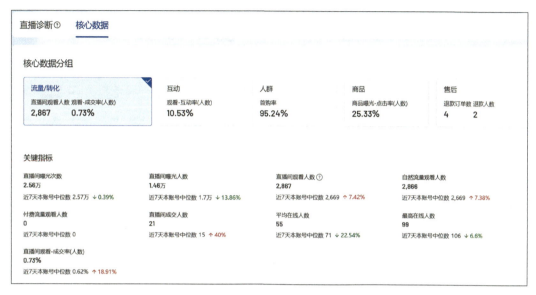

图 7-6　罗盘·经营直播核心数据页面

抖店除了提供直播账号本身的数据查询之外，也可查询部分对标账号或者同类型标签账号的直播数据，此处不再一一赘述。另外，由于抖店 PC 端展示的数据信息要比抖店 App 展示的信息更详细，因此建议运营人员通过抖店 PC 端查看和分析数据。

2. 借助第三方数据平台采集数据

为了更好地分析直播数据，直播团队还可以借助第三方数据平台，如使用"灰豚数据"和"蝉妈妈"等进行数据采集。直播团队可以利用第三方数据平台提供的数据进行流量大盘分析，直播间流量、等级和留存分析，直播间人气、成交和互动指标实时变化分析，直播账号分析，粉丝分析，商品分析等。

"灰豚数据"是杭州灰豚科技有限公司旗下的一款直播数据分析工具，提供了主播带货转化量分析、粉丝互动分析、粉丝画像分析等实用功能，也提供了播主销量榜、爆款商品榜、MCN 排行榜等各类电商直播的相关榜单，是一款将直播数据可视化的数据分析监测云平台，精准、可靠、高效地提供直播平台的数据分析服务。下面以"灰豚数据"PC 端为例展示如何通过第三方数据平台采集数据。

（1）直播流量大盘数据。在灰豚数据左侧菜单栏的"行业"中选择"流量大盘"可以查看全网流量数据，了解近期抖音直播的情况。此页面通过带货黑马、推流大盘和留存大盘三个板块将数据进行可视化呈现，如图7-7所示。除三大板块外，页面还呈现了直播销量榜、主播地域分布图、年龄分布、性别比例以及粉丝量分布等抖音主播数据信息；商品排行、品牌排行以及品类排行信息，如图7-8所示。

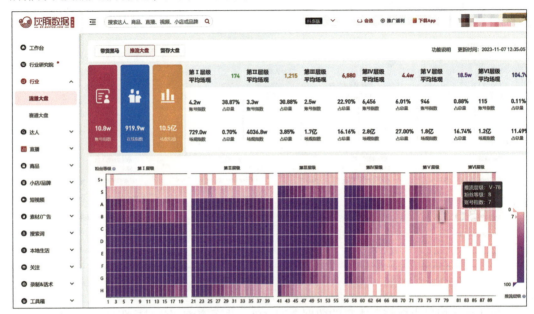

图7-7　流量大盘——推流大盘

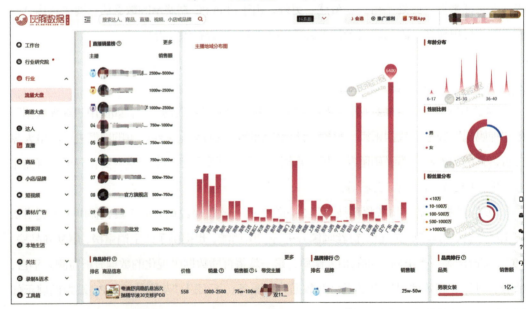

图7-8　流量大盘——主播、商品、品牌及品类信息

（2）直播间流量、等级和留存数据。通过"流量大盘"→"直播销量榜"选择任意一个主播账号，可查看该直播间的整体流量、等级和留存情况。也可在灰豚数据左侧菜单栏的

"直播"中选择"直播搜索",在"直播搜索"页面选择直播间查看相关数据。某直播间单场直播的数据如图7-9所示。

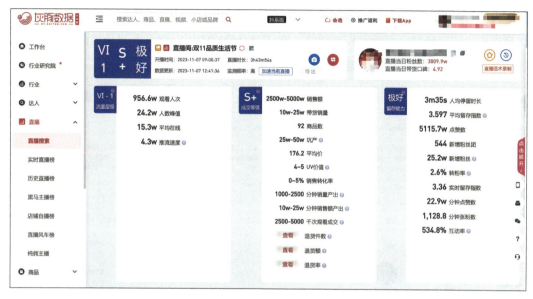

图7-9 某直播间单场直播数据

(3)直播间人气、成交和互动指标实时数据。通过"流量大盘"→"直播销量榜"选择任意一个主播账号,可以查看该直播间的实时变化信息,包括直播间的在线人数、进场人数、销售额、涨粉数、点赞数等情况,如图7-10所示。

图7-10 直播间人气、成交、互动指标实时数据

（4）直播账号数据。

1）在灰豚数据左侧菜单栏"达人"中可以查看达人排行榜，在"直播"中可以查看实时直播榜、黑马直播榜等，如图7-11和图7-12所示。在达人排行榜中可以查看不同品类直播账号的涨粉数、涨粉率和粉丝数，在实时直播榜中可以查看不同品类直播账号的直播销量和直播销售额等情况，便于品牌方快速寻找合适的直播账号。

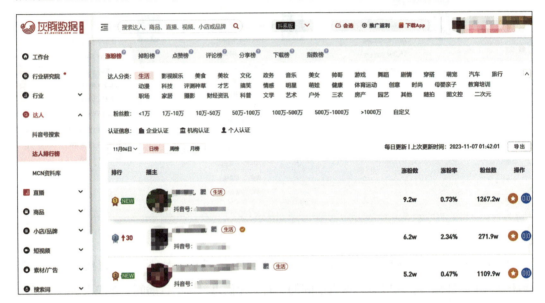

图 7-11　达人排行榜

图 7-12　实时直播榜

2）在灰豚数据左侧菜单栏"达人"中选择"抖音号搜索"，可以在"抖音号"中单击某个直播账号进入直播账号详情页，查看直播账号的具体数据，包括数据概览、粉丝分析、达人作品、直播记录、商品分析、店铺分析、品牌分析和品类分析。在数据概览中，可以查看新增粉丝数、新增作品数、作品销售额、作品点赞数、作品评论数、新增直播数、直播销售额和新增粉丝团数；在粉丝分析中，可以查看粉丝列表画像、直播观众画像、视频观众画像和粉丝群，如图 7-13 和图 7-14 所示。

图 7-13　账号详细数据概览

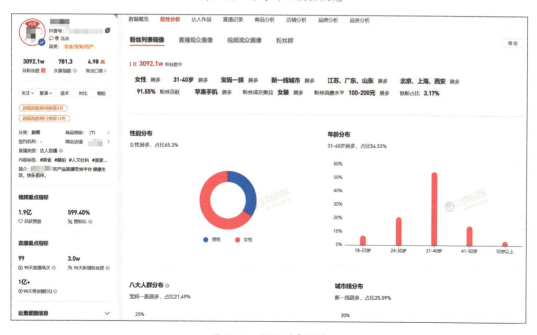

图 7-14　粉丝列表画像

（5）商品数据。

在灰豚数据左侧菜单栏"商品"中选择"直播商品榜"可查看每日、每周的各行业爆款商品，并且可以按照销售额、销量、价格、佣金比例等指标进行排序，方便商家选品以及观察竞品数据变化，如图 7-15 所示。在直播商品榜单中任意选择一款商品，打开商品详情页，可以查看商品详细数据，如图 7-16 所示。

图 7-15　直播商品榜

图 7-16　商品详情页

活动二　分析直播数据

直播间数据分析的常用指标包括流量指标、互动指标和转化指标等。

1. 流量指标分析

直播间的流量指标也可以称为人气指标，主要是指直播间人气数据，如实时在线人数、直播间进场人数。

（1）实时在线人数。对于直播间的实时在线人数，通常可以从在线人数变化曲线和在线人数稳定程度两个维度进行分析。

1）在线人数变化曲线。直播间在线人数的变化可以直观地反映直播间的内容质量。在线人数变化曲线会出现波峰和波谷，波峰代表直播间的人气峰值，波谷代表直播间的人气低谷。一般情况下，直播间在线人数的波峰会出现在有引流活动的时间段，而波谷则会出现在引流活动结束后，由于直播间内容没有吸引并留住引流进来的用户，而导致用户大量流失的情况。

2）在线人数稳定程度。直播间在线人数的稳定程度反映的是用户黏性。直播过程中不断有用户离开直播间，也不断有新用户进入直播间，就会导致在线人数不断变化。如果直播间的在线人数稳步上涨，就说明直播间既能留住新用户又能吸引老用户回流，用户黏性较强。

（2）直播间进场人数。直播间进场人数是指进入直播间的观众数量，是衡量直播间受欢迎程度和吸引力的一个重要指标。对于直播间进场人数可以从以下几个维度进行分析。

1）时间维度。时间维度分析是指对进入直播间的观众数量在不同时间段的变化情况进行分析，以了解观众的观看习惯和需求。具体来说，可以从日常波动、节假日效应、时段效应、周期性变化等方面进行深入分析。

2）来源维度。来源维度分析是指对进入直播间的观众数量进行统计和分析，以了解观众的来源和进入方式。通过对来源维度进行分析，可以了解不同来源流量的特点和规律，从而有针对性地优化直播内容和策略，提高直播间的流量和销售额。具体来说，可以从直播推荐流量、关注页流量、视频推荐流量、搜索流量、其他流量等方面进行深入分析。

3）互动维度。互动维度分析是指对进入直播间的观众的互动行为进行分析，以了解观众的互动意愿和活跃程度。通过对互动维度进行分析，可以了解观众的互动意愿和活跃程度，从而制定更加精准的直播策略。具体来说，可以从互动率、活跃度、留存率、转化率等方面进行深入分析。

4）转化维度。转化维度分析是指对进入直播间的观众的转化行为进行分析，以了解观众的购买意愿和转化效果。通过对转化维度进行分析，可以了解观众的购买意愿和转化效果，从而制定更加精准的直播策略。具体来说，可以从转化率、客单价、购买频次、购买时间等方面进行深入分析。

通过以上维度的分析，可以全面了解直播间进场人数的特点和规律，为主播和运营者提供决策依据，优化直播内容和策略，提升直播间的流量和销售额。

2. 互动指标分析

互动指标包括人均观看时长、增粉率、互动率、弹幕热词、新增粉丝数和评论数等数据。

（1）人均观看时长。人均观看时长即平均每个用户在直播间的停留时长。通常来说，人均观看时长越长，说明直播内容越吸引人，观众留在直播间的意愿越高，也意味着直播间的运营效果越好，但也需要注意控制直播的节奏和时长，避免观众产生疲劳感。如果人均观看时长过短，可能需要从直播内容、主播表现、直播间氛围等方面进行优化，提高观众的留存率。

总之，人均观看时长是评估直播间运营效果的重要指标之一，通过分析人均观看时长可以发现直播间存在的问题并采取相应的措施进行优化。

（2）增粉率。增粉率是指直播间在一定时间内新增粉丝的数量与原有粉丝数量的比例。它反映了直播间吸引新用户的能力和受欢迎程度。通常来说，增粉率越高，说明直播间的内容和质量越好，也意味着直播间对于新用户的吸引力越强。通过分析增粉率可以发现直播间存在的问题并采取相应的措施进行优化。

（3）互动率。互动率是指直播间中观众的互动行为占比，即评论、点赞、分享等互动行为的人数与总观看人数的比例。互动率是评估直播效果的重要指标之一，分析互动率可以了解观众对于直播内容的兴趣和参与程度。

互动率是直播间人气活跃程度的核心指标，互动率越高，代表直播间的用户对直播内容的参与程度越高，其活跃程度也就越高。直播团队需要考虑改进直播间的互动玩法，进一步调动直播间用户的积极性，使其尽可能多地参与互动，提高直播间的活跃度。

互动率可以从新用户互动率和老用户互动率两个维度进行分析。

1）新用户互动率。新用户互动率是指进入直播间后对直播中的内容产生兴趣，并积极参与其中的新用户占直播间用户访问数的比例。新用户的短暂停留可能只是猎奇，但是能参与互动的新用户，则可以定义为直播间的优质用户。新用户互动率与直播间新用户转化为老用户的转化率密切相关。

2）老用户互动率。老用户是指非首次进入直播间的用户。老用户互动率是指进入直播间后对直播中的内容产生兴趣，并积极参与其中的老用户占直播间用户访问数的比例。老用户如果除了能持续地观看直播间的每一场直播外，还能在直播过程中参与直播内容的互动，就基本可以看作直播间的粉丝。通常老用户的互动率更能决定直播间的氛围。直播间的互动氛围越好，新用户驻足直播间的概率就越大，进而参与互动的概率也越大。

（4）弹幕热词。弹幕热词是指在直播过程中频繁出现的、具有代表性的词语或短语。这些热词由观众在直播间发送弹幕时创造，可以反映观众对直播内容的关注点和兴趣点、观众的情绪和态度，可以帮助主播了解观众的需求和反馈，进而调整直播策略。通过分析弹幕热词，还可以帮助主播发现直播间存在的如话题热度、互动氛围、营销策略等方面的问题并采取相应的措施进行改进，从而提高直播间的质量和竞争力。

（5）新增粉丝数。新增粉丝数是指在一个特定时间段内，第一次关注直播间的观众数量。它是衡量直播间吸引力和影响力的一个重要指标，也是评估直播运营效果的一个关键指标。通过对新增粉丝数进行分析，可以了解直播间的吸引力以及需要改进的方面。

新增粉丝数反映了直播间吸引新用户的能力，以及观众对直播内容的认可程度和兴趣。如果直播间的粉丝数不断增加，说明这个直播间的内容和表现得到了更多用户的认可和喜爱，其影响力和品牌价值也会相应提高。

（6）评论数。评论数是直播过程中观众发表的评论数量，可以用来衡量观众参与程度的高低。如果评论数多，说明观众对直播内容感兴趣并积极参与讨论；如果评论数少，说明观众对直播内容不太感兴趣或者观众不太活跃。同时，评论数也是衡量直播间运营效果的重要指标之一，可以帮助主播和运营者了解直播间的吸引力和竞争力，从而制定更好的运营策略。

3. 转化指标分析

直播营销的最终目标是促成交易，因此直播间的转化指标也是至关重要的指标之一。运营人员重点需要关注曝光-观看率（人数）、观看-商品曝光率（人数）、商品曝光-点击率（人数）、商品点击-成交转化率（人数）、曝光-观看率（人数）、观看-互动率（人数）等指标，也就是成交转化漏斗及互动转化漏斗，如图7-17所示。

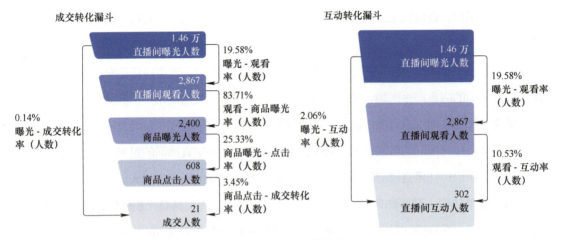

图 7-17　转化漏斗模型

（1）曝光-观看率。曝光-观看率是抖音直播间流量漏斗核心数据指标之一，指的是直播间被展示的次数与进入直播间的观众次数的比例。这个指标可以反映直播间的曝光效果，以及观众进入直播间的意愿程度。曝光-观看率越高，说明直播间的吸引力和曝光效果越好。曝光-观看率是抖音直播运营中重要的数据指标之一，可以帮助主播和运营者更好地了解直播间的表现和优化方向。

（2）观看-商品曝光率。观看-商品曝光率指的是直播间中商品被展示的次数与进入直播间的观众次数的比例。这个指标可以反映直播间中商品的展示效果，以及观众对商品的关注程度。观看-商品曝光率越高，说明直播间中的商品被观众关注和认可的程度越高。如果转化率不高，说明直播间选品有问题，产品无法满足用户需求，下一场直播要优化产品。

（3）商品曝光-点击率。商品曝光-点击率指的是直播间中商品被点击的次数与商品被展示的次数的比例。这个指标可以反映观众对商品的点击意愿程度，以及直播间中商品的吸引力。商品曝光-点击率越高，说明观众对商品的点击意愿越强烈，商品的吸引力越高。商品曝光-点击率低，则意味着该商品的展示次数很多，但被点击的次数很少，需要进一步优化商品展示或调整价格策略来吸引更多的用户点击。

通过分析商品曝光-点击率，可以针对性地优化直播间的商品选择和营销策略，提高观众对商品的点击意愿和购买意愿，从而提升直播间的流量和销售额。

（4）商品点击-成交转化率。商品点击-成交转化率指的是用户点击商品后实际完成购买的次数与商品被点击的次数的比例。这个指标可以反映直播间中商品的转化效果，以及用户对商品的购买意愿。商品点击-成交转化率越高，说明用户对商品的购买意愿越强烈，商品的转化效果越好。

模块七 直播数据分析及复盘诊断

商品点击-成交转化率是衡量直播间效果的重要指标之一，可以帮助商家更好地了解用户的需求和行为习惯，从而优化直播策略和选择更具有吸引力的商品进行展示。

任务描述

做直播应该有头有尾，除了做好直播营销规划外，也不能忽视复盘环节。直播复盘对于主播和商家来说非常重要，养成好的复盘习惯，不仅可以发现提高直播销量的方法，还能查漏补缺，提前发现一些未暴露出来的问题，进而优化每一场直播，达到更好的直播效果。

任务实施

活动一　认识直播复盘的重要性

直播复盘指的是在完成直播工作后，对正常直播全过程进行回顾、分析与总结，从而达到查漏补缺、积累经验的目的。复盘不是简单的问题总结，从本质上来说，复盘是对完成工作所做的深度演练。所以在每一场直播结束后，直播团队都要回顾整个直播过程，搜集相关的直播数据，找到并分析在直播中做得好与不好的方面，找出原因，从而找到更好的改进方法和进阶途径。直播团队要想提高自己的总成绩，就要提高每一场直播的成绩，而提高每一场直播成绩的有效途径就是复盘。

直播复盘工作主要从结果维度、策略维度和团队维度三个维度来进行。

1. 结果维度

结果维度是指对整个直播过程进行完整的复盘。在复盘过程中，直播团队要对自己的卖货目标有清晰的认知，即通过这场直播希望得到一个什么样的结果（直播观看人数、销售额等），然后基于这个目标对整个直播过程进行层层梳理和分析，明确在直播的过程中自己做得好与不好的地方，并根据实际情况提升核心关键指标。

在结果维度中，最重要的一步就是团队要对直播的最终数据进行深度思考，把直播的时间段、时长、累积互动、累积商品点击、粉丝点击占比、最多在线时长、粉丝平均停留时长、粉丝回访量、新增粉丝量等数据详细地总结出来并进行分析，从而清晰地看到在直播过程中存在的问题，然后对这些问题进行剖析，查找问题出现的原因。

2. 策略维度

策略维度是指要系统地总结直播过程中的成功经验和失败教训。在达成每一个直播目标的过程中，使用的直播技巧和销售策略不可能完全相同，通过基于策略维度的复盘，直播团队可以判断这些直播技巧和销售方法是否正确的。如果发现某种方法或策略可以达到较好的结果，而且在直播过程中能够引起较高的互动，说明该方法或策略是有效的，在以后直播带货过程中就可以进行适当的复制。如果发现使用某种方法或策略不能达到较好的结果，无法引起足够的互动，说明这种方法或策略是不恰当的，应该毫不迟疑地摒弃。这种复盘对于提高直播能力和带货能力至关重要。

3. 团队维度

直播复盘还应从整个直播团队的角度出发进行复盘。也就是说，直播团队中的每一个成员都要根据自己的本职工作进行复盘，向其他成员展示自己的实际工作情况，并接受直播团队其他成员对自己工作的评判，通过集体智慧找问题、找原因。通过发挥集体智慧，直播团队中每个成员的优缺点和在工作中做得好与不好的地方都可以更全面地呈现出来。同时，基于团队维度的复盘还可以有效增强团队的凝聚力。

活动二　掌握直播复盘诊断的步骤

1. 发现直播问题

直播复盘的第一个环节是发现并总结直播中出现的问题，可以将问题分为直播团队成员主观发现的问题和通过数据分析客观发现的问题。

（1）直播团队成员主观发现的问题。直播团队成员能够凭借自身的经验和参与直播活动的经历，快速地发现整场直播活动哪个环节或哪个方面存在不足。

例如，在某复盘会上，组长就整理了该场直播中出现的操盘事故和现场事故。某位运营上错了优惠券，原计划满 800 减 100 上成了满 1000 减 100；某位主播在直播间讲解时出现违规词或者将产品的属性说错；团队配合存在问题，直播现场助播没有及时到位、道具没有提前备好等。

（2）通过数据分析客观发现的问题。直播团队还可以借助数据分析将直播活动中存在的问题具体化、定量化。

例如，通过分析直播中每个品类的销售情况，了解哪个品类销量最好，哪些品类销售超过预期很有潜力，哪些品类销售没有达到预期，并进一步分析具体原因。

2. 分析及改进直播问题

每一场直播结束后都要针对存在的问题进行分析和改进，而其中直播数据方面的分析和改进对于有效提高直播质量最为重要。直播数据是直播情况的真实反映。下面从流量指标、互动指标、转化指标三方面进行复盘分析及改进。

（1）流量指标的复盘分析及改进。流量指标复盘的主要内容是在线人数和稳定程度。流量指标欠佳的原因一般是在线人数少和在线人数不稳定。

问题1：在线人数少

如果直播间的在线人数长期在100人以内，说明直播间的在线人数较少。直播间的在线人数少，通常与直播间的新人留存策略有关。

直播间新人留存策略包括抽奖、发券、发红包等。而直播间在线人数较少，很有可能是抽奖、发券、发红包的方式出现了问题。主要问题包括：没有明确告知用户直播间抽奖、发券、发红包活动的时间；抽奖、发券、发红包活动节奏混乱、缺乏规划、奖励机制不合理、缺乏互动性等。

直播间活动的安排一定要有节奏，一次活动结束后，主播可以选择公布中奖者，增加用户的信任度，同时告知下一次活动在什么时候，例如："没有中奖的用户不要走开，我们会在点赞到2万次的时候再抽一次奖。"这种方式可以大大增加用户的停留时间。

问题2：在线人数不稳定

在线人数的稳定与否主要与直播间内在线人数中老用户的比例有关。一般情况下，直播间在线人数中老用户的比例越高，在线人数相对越稳定。

若要提高老用户的比例，直播团队可以从以下几个方面进行改进。

1）固定开播时间，让用户养成固定的观看习惯。

2）强化直播预告，帮助用户提前了解直播内容，加强用户对直播时间的记忆。

3）进行用户运营，组建粉丝社群，方便老用户在直播期间可以快速进入直播间。

（2）互动指标的复盘分析及改进。互动直接影响直播间的氛围和人气，直播间有互动，才显得有人气，有了人气，用户才会停留。用户在直播间停留，才有机会进行后续的成交转化。互动指标欠佳的原因主要包括新用户和老用户互动率低。

问题1：新用户互动率低

新用户互动率低是指新用户首次进入直播间后，几乎不参与互动。新用户互动率低主要是因为直播间没有吸引用户的点，新用户无法融入直播间，很难参与互动。为了提高新用户互动率，直播团队可以采取以下策略。

1）强化直播间运营人员的互动引导，引导直播间的新用户积极参与互动。

2）不断强调说明直播间的互动玩法，避免新用户不知道如何参与互动。

3）利用福袋互动提升直播间的人气和最终转化率。

问题2：老用户互动率低

老用户互动率低是指老用户虽然进入直播间观看，但几乎不参与互动。老用户互动率低主要是直播间缺少对老用户的福利，老用户感觉不到优越感。为了提高老用户的互动率，直播团队可以采取以下几种策略。

1）尽可能多地收集老用户的反馈信息，可以通过直播时的评论、私信及客服等渠道收集信息。

2）给予福利奖励，刺激老用户参与互动。

3）积极引导直播间的老用户加粉丝群。

（3）转化指标的复盘分析及改进。转化指标最容易出现的问题是成交率低。成交率是指直播间的成交单量与直播间在线人数的比值，计算公式如下：

$$成交率 = 直播间的成交单量 / 直播间在线人数 \times 100\%$$

根据转化漏斗模型，成交率 = 关注曝光 - 观看率 × 观看 - 商品曝光率 × 商品曝光 - 点击率 × 商品点击 - 成交转化率。

如果直播间的成交率持续走低，可从以下几个方面进行调整。

1）选品调整。重新分析直播间的用户画像数据，根据用户画像数据调整直播间的选品策略。

2）定价调整。分析直播间商品在价格上是否已经做好价格保护，或调整商品组合策略，进行差异化定价。

3）转化策略调整。直播间的活动在策划上要强化互动元素，不要让用户在直播间只看不买。

直通职场

直播数据分析师——用数字说话的理性人

1. 岗位职责

（1）负责公司直播间的数据分析工作。

（2）制定直播间的数据采集方案，并协助搭建产品的数据指标体系。

（3）监测业务的日常数据，关注数据波动并能够及时分析和解读数据异常。

（4）针对产品和运营相关的业务问题，能够进行量化分析和数据建模，并提出优化策略。

2. 任职要求

（1）敏锐的数据洞察力、严谨的逻辑思维能力和系统的分析总结能力。

（2）执行力强，思维严谨，具备良好的逻辑思考能力。

（3）熟悉用户体系、了解用户需求，能够针对需求进行拆分和利用。

（4）具备良好的服务意识及团队精神。

模块总结

想要持续优化直播效果，直播团队就需要及时进行直播复盘，梳理直播流程，记录并分析直播数据，对整场直播进行总结反思。直播人员既可分析主播的直播数据，也可分析行业数据。在分析问题后，直播团队应对不足加以改进，并在下场直播中实施，观察改进效果。

素养提升课堂

数据赋能，从水土不服到游刃有余

2020年4月24日晚，董明珠代言格力开启了自己的直播卖货之旅，销售额只有22.53万元，还不到格力一家门店的销售量。

2020年5月10日，董明珠快手直播，在充足的复盘调整后，3小时成交额达3.1亿元，打了一场漂亮的翻身仗。

2020年5月15日，董明珠京东直播，3个多小时成交额突破7.03亿元，创下了家电行业直播带货史上最高纪录。

我们来看看这三次直播的改变：首场直播总观看量仅百万，董明珠团队选择和平台合作，并邀请网红辅播，获取千万流量加持；很多粉丝反馈"直播间价格高""非全网最低"，就联合平台一起做千万补贴，调整直播间价格；评论热词为"卡顿"，就优化设备，调整网络，保障直播流畅丝滑；直播间流失率很高、用户停留时间短，就调整直播节奏，通过秒杀、抽奖、发红包等方式提升直播间留存率，通过评论有奖提升直播间活跃度，通过促下单话术促进销售转化。

短短一个月时间，董明珠团队通过分析直播数据，研究用户画像，复盘调整，快速翻盘，可见数据赋能直播复盘的效果。每场直播带货结束后，都需要复盘整场数据，通过分析直播数据找到问题，并进行改进和优化，提高直播的效果。

案例分析：直播电商作为数字经济发展版图的重要板块，正不断地与传统实体和零售产业碰撞、擦出新的"火花"，助力传统商业的数字化转型，为实体经济赋予新动能。通过直播渠道，品牌与消费者可以产生直接的交流互动，直播不仅能极大地增强卖货能力，也将成为一个产品、技术展示交流的平台。董明珠直播背后的商业逻辑，为传统企业的营销模式转型提供了新的思考。

赛证融通

一、单选题

1. 关于直播带货复盘数据分析中的"流量分析"理解有误的是（　　）。

   A. 流量分析是对流量的来源和峰值进行分析

   B. 结合流量分析结果来调整短视频投放策略

   C. 依据流量分析结果来调整直播引流策略

   D. 第三方数据平台的直播数据不能作为本次直播复盘的"流量分析"数据

2. 下列步骤（　　）主要是为了吸引没有来直播间的粉丝下次参与直播。

   A. 抽奖活动　　　　　　　　B. 直播结束后的二次传播活动

   C. 互动活动　　　　　　　　D. 直播带货活动

3. 关于直播间的成交率，以下说法正确的是（　　）。

   A. 成交单量/在线人数的数值越低，成交率越低

   B. 在线人数/成交单量的数值越低，成交率越低

   C. 直播间在线人数越多，成交率越高

   D. 直播间成交单量越多，成交率越高

二、多选题

1. 直播带货数据复盘的内容包括（　　）。

   A. 直播数据分析　　　　　　B. 推广效果分析

   C. 直播效果分析　　　　　　D. 复盘与优化

2. 直播运营数据诊断主要从（　　）几个方面进行。

   A. 流量诊断　　　　　　　　B. 互动诊断

C. 转化诊断　　　　　　　　D. 需求诊断

3. 数据团队成员凭借自身直播经验和参与直播活动的经历发现的问题包括（　　　）。

  A. 运营上错优惠券

  B. 直播现场叫助播没有找到人，团队配合存在问题

  C. 某一商品讲解环节消费者的流失率较高

  D. 每个品类的销售情况

三、判断题

1. 弹幕分析可以帮助主播调整下一场的直播内容和节奏。　　　　　（　　）
2. 主播在开启直播时，无法获得粉丝的互动数据。　　　　　　　　（　　）
3. 可以通过账号后台和第三方数据平台采集直播数据。　　　　　　（　　）
4. 直播问题可以通过团队成员的主观经验和客观的数据分析发现。　（　　）
5. 如果直播间的成交率持续走低，且持续保持在 10% 以下，意味着选品不佳，和直播间的用户匹配度不高，需要进行调整。　　　　　　　　　　　　　（　　）

参 考 文 献

[1] 南京奥派信息产业股份公司. 直播电商运营 [M]. 北京：高等教育出版社，2021.

[2] 邹益民，马千里. 直播营销与运营：微课版 [M]. 北京：人民邮电出版社，2022.

[3] 黄守峰，黄兰，张瀛. 直播电商实战：微课版 [M]. 北京：人民邮电出版社，2022.

[4] 宋夕东，邱新泉. 直播电商运营实务：慕课版 [M]. 北京：人民邮电出版社，2022.

[5] 王红蕾，刘冬美. 直播电商 [M]. 北京：中国财富出版社有限公司，2021.

[6] 徐骏骅，陈郁青，宋文正. 直播营销与运营：微课版 [M]. 北京：人民邮电出版社，2020.

[7] 秋叶. 直播电商实战一本通 [M]. 北京：人民邮电出版社，2020.

[8] 刘东明. 直播电商全攻略：IP 打造 + 实战操作 + 店铺运维 + 直播转化 + 后台管理 [M]. 北京：人民邮电出版社，2020.

[9] 陆高立. 直播销售：商业模式 + 平台运营 + 吸粉引流 + 带货技巧 [M]. 北京：中国铁道出版社有限公司，2020.

任务工单

任务工单一　认识直播电商 // 002
任务工单二　认知主播岗位 // 006
任务工单三　服装类目直播间搭建 // 010
任务工单四　农产品直播间搭建 // 014
任务工单五　直播间选品与组品 // 018
任务工单六　直播脚本设计 // 022
任务工单七　直播商品讲解 // 028
任务工单八　直播互动活动设计 // 032
任务工单九　直播引流 // 035
任务工单十　直播二次传播 // 038
任务工单十一　直播数据分析及复盘 // 041
任务工单十二　年货产品直播带货 // 044
任务工单十三　数码产品直播带货 // 051

任务工单一　认识直播电商

学院/系别：_____　　　专业：_____

姓　　名：_____　　　学号：_____

一、接受工作任务

> 艾特佳电商公司要开展直播电商带货活动，现在直播平台有多种，如淘宝、抖音、快手、小红书等，它们都有自己的特色。现在公司要充分了解各平台的特点及主要带货方式，掌握各平台的流量分配机制，从而让自己在以后的直播带货活动中更加得心应手。现在我们以特色农产品——蜜薯为例，来认识直播电商。

二、搜集能力清单

1. 淘宝、抖音、快手、小红书平台的区别

平台	淘宝	抖音	快手	小红书
特色	产品覆盖广、市场覆盖广	扶持小店、提升口碑	营造生态、挖掘社交价值	独特的社交化、个性化的购物体验
直播带货定位	属于垂直营销，直播是赋能买家的一种方式，注重关键词	属于内容营销，捎带卖货，注重人群，强算法	属于社交方式，捎带卖货，强社交链条，强私域积累	属于社交方式，捎带卖货，强社交链条，强私域积累
流量逻辑	通过标签竞争、层级攀登、活动排名等方式竞争流量	重算法轻粉丝，以内容质量为导向，高效分发	公平普惠，社区属性更强，基于用户社交关注和兴趣，调控流量分发	平台根据内容标签进行匹配，通过社交关系链推荐
直播流量	流量中心化，集聚在头部主播	去中心化，素人可获得的流量机会多	流量主要来自私域粉丝	流量主要来自私域粉丝

（续）

平台	淘宝	抖音	快手	小红书
支持店铺	淘宝、天猫	抖音小店，第三方来源受限	快手小店、有赞、淘宝、京东、拼多多等	小红书店铺，第三方来源受限

2. 直播电商常见模式

模式	特点
店铺直播模式	主播在店铺中展示商品，消费者可以指定主播要介绍的商品
基地走播模式	直播基地进行直播
KOL 直播带货模式	商家与 KOL 敲定商品和价格，由 KOL 直播带货
单一型模式	主播在直播中只展示一种或类似种类的商品
砍价模式	主播代替消费者在直播间进行砍价，含有表演成分
直播间出品模式	货品由供应链供货，也可从工厂订制，还可采买于市场

三、计划与实施

1. 请以蜜薯为例，搜索并总结主流直播平台蜜薯店铺的直播销售情况

序号	蜜薯卖家店铺所在平台	销量较好的店铺名称	盈利模式	直播形式	销售情况
1	淘宝				
2	抖音				

（续）

序号	蜜薯卖家店铺所在平台	销量较好的店铺名称	盈利模式	直播形式	销售情况
3	快手				
4	小红书				
计划审核	审核意见： 签字：　　　　　　年　月　日				

2. 请根据各平台自身的定位，分析在各平台直播运营的主要带货方式及特点

序号	平台	主要带货方式	带货特点
1	淘宝		
2	抖音		
3	快手		
4	小红书		
计划审核	审核意见： 签字：　　　　　　年　月　日		

四、评价与反馈

请教师根据学生在此次任务中的表现进行评价

序号	评价标准	分值	得分
1	明确工作任务	5	
2	掌握工作任务知识与技能要点	15	
3	制订工作任务计划合理可行	10	
4	掌握淘宝、抖音、快手、小红书平台直播带货特点	15	
4	能够从多角度对淘宝、抖音、快手、小红书平台进行流量分析	25	
4	能够从多角度对淘宝、抖音、快手、小红书平台进行销售分析	20	
5	完成工作任务符合要求	5	
6	工作任务汇报到位	5	
	合计（满分 100 分）		

任务工单二 认知主播岗位

学院/系别：_____　　专业：_____

姓　　名：_____　　学号：_____

一、接受工作任务

> 艾特佳电商公司现在要在淘宝、抖音等平台进行本地特色农产品——"蜜薯"直播带货，现需组建直播团队，培养农产品带货主播若干名。现要求调研各平台上优秀的农产品带货主播有哪些，他们都具有哪些职业素养。

二、搜集能力清单

1. 直播间定位原则

原则	内容
垂直原则	专注一个细分领域
价值原则	对于用户来说，有价值的内容才会去看、去关注
差异原则	只有差异，账号才能从众多的直播间中脱颖而出
持续原则	坚持持续和稳定地更新

2. 主播类型

主播类型	特点
导购促销型	讲解和种草
技能专家型	具有强意见领袖驱动的属性
明星网红型	本身自带流量，满足精神需求

3. 主播的专业素养

专业素养		能力要求
商品讲解能力		熟练掌握商品的基础知识,讲解商品时能够突出商品卖点、亮点,运用专业词汇为品牌背书,并延伸话题,将商品代入各种应用场景中,从而提升用户信任度
商品带货能力	新手主播	顺利开播、完播,不违规且能有一定程度的直播数据,有一定销售额
	中期主播	自己规划直播节奏,和运营完美配合,能通过营销话术吸引直播间粉丝下单,能创造一个比较好的直播数据,部分品类能爆单
	成熟主播	偏战略型和管理型,能够根据直播间的实时数据反馈动态调整直播节奏及相关话术,且各项直播数据都很优秀
直播控场能力		把控直播间氛围、节奏,引导用户互动,进而促成用户下单

4. 直播团队的岗位职责

岗位	职责
主播	通过直播向客户展示售卖产品,与粉丝互动;结合运营计划,执行直播营销方案,提高购买量,提升转粉,提升直播间人气
副播	在直播间内辅助主播开展直播
助理	在开播前通过各种渠道发布直播预告,确认商品和道具的准备是否到位,在直播过程中配合场控提醒主播直播活动的关键时间节点。有时,助理也承担副播的角色
场控	主要负责执行直播策划方案,相当于直播的现场"导演",在策划人员和主播之间进行协调
策划	主要负责制定直播的策划方案、策划促销活动、设计直播脚本、各种内容的制作与分发。同时,策划还需要对接企业的其他部门,协调直播团队和企业之间的工作,如组织拍摄预热短视频、商品抽样、仓库部门的协调等
数据运营	负责流量采买和直播数据的收集、分析,并针对数据分析发现的问题为策划提供直播方案的优化建议,同时可以为直播复盘提供数据支撑
客服	负责与粉丝互动,为粉丝解疑,配合主播的直播,处理商品发货及售后问题
商务拓展	主要负责商家合作、商品招商等事宜

三、计划与实施

1. 请搜索主流直播平台优秀主播的基本特点

序号	平台	优秀主播名称	定位	主播类型	带货能力	团队情况
1	淘宝					
2	抖音					
3	快手					
4	小红书					
计划审核	审核意见： 签字： 年 月 日					

2. 请根据蜜薯等农产品的产品特性，总结该类目优秀主播特点

序号	平台	主播特点
1	淘宝	
2	抖音	
3	快手	
4	小红书	
计划审核	审核意见： 签字： 年 月 日	

3. 请根据工作计划，完成小组成员任务分工

组织者		市场调研员	
信息搜集员		总结汇报	

四、评价与反馈

请教师根据学生在此次任务中的表现进行评价

序号	评价标准	分值	得分
1	明确工作任务	5	
2	掌握工作任务知识与技能要点	15	
3	制订工作任务计划合理可行	10	
4	直播带货形式合理	10	
	直播店铺定位正确	15	
	店铺没有出现违规现象	15	
	直播团队组织架构合理	10	
	直播团队分工明确	10	
5	完成工作任务符合要求	5	
6	工作任务汇报到位	5	
合计（满分100分）			

任务工单三　服装类目直播间搭建

学院 / 系别：_____　　专业：_____

姓　　名：_____　　学号：_____

一、接受工作任务

> 艾特佳电商公司现在要为某汉服品牌进行直播带货，首先要搭建与之相适应的直播间，为以后直播带货做准备。现要求写出 3 种以上适合零售类产品直播间搭建的方案
> 1. 搭建汉服室内实景直播间
> 2. 布置汉服室内虚拟背景直播间
> 3. 打造汉服户外直播间

二、搜集能力清单

1. 直播间的类型

序号	类型	特点
1	现场加工型直播间	一些食品类、加工类等具有生活气息的直播间，可以让粉丝有机会近距离地观看产品加工过程，这种操作型直播间非常解压
2	原产地型直播间	场景真实，能极大地增加观众的信任感
3	工厂型直播间	给人的感觉是有实力、值得信任、工厂直供、价格优惠，主播带货相对比较容易
4	门店型直播间	容易上手，涵盖类目广，此类型的直播间数量也是最多的

2. 直播间灯光的分类

序号	灯光类型	作用
1	主光	主导光源，它决定着画面的主调
2	顶光	次于主光的光源，从头顶位置照射，给背景和地面增加照明，同时加强瘦脸效果

（续）

序号	灯光类型	作用
3	辅助光	辅助主光的灯光，为了改善阴影面的层次与影调，在布光时均要加置
4	背景光	又称为环境光，主要作为背景照明，使直播间的各点照度都尽可能统一，起到让室内光线均匀的作用

3. 主播位置景别

序号	景别	作用
1	特写	集中表现主播的眼神、面部表情等细部特征
2	全景	能表现出主播的整体、主播与环境的关系、主播的动作
3	远景	取主播全身镜头，展现的空间很大
4	近景	展现主播面部表情或手势的具体细节
5	中景	适合表现主播的精神面貌

三、计划与实施

1. 请列举汉服室内实景直播间所需要的相关设备

序号	设备名称	作用	价格
1			
2			
3			
4			
5			
6			
7			

2. 熟悉直播间补光设备操作方法，完成灯光布置

序号	灯光设置	操作截图
1	主光	
2	顶光	
3	辅助光	
4	背景光	

3. 熟悉直播软件操作方法，并完成下列操作

序号	操作步骤	操作截图
1	软件下载	
2	添加素材	
3	无线投屏	
4	背景设置	
5	抠除绿幕	

4. 熟悉主播构图类型，并在直播间亲身体验

序号	构图类型	构图截图
1	坐播近景	
2	站播中景	
3	站播远景	

四、评价与反馈

请教师根据学生在此次任务中的表现进行评价

序号	评价标准	分值	得分
1	明确工作任务	5	
2	掌握工作任务知识与技能要点	15	
3	制订工作任务计划合理可行	10	
4	能够搭建出符合产品特点的室内直播间	15	
	能够搭建出符合产品特点的室外直播间	15	
	能够搭建出符合产品特点的虚拟直播间	15	
	主播能够找到最佳直播镜头	15	
5	完成工作任务符合要求	5	
6	工作任务汇报到位	5	
	合计(满分100分)		

任务工单四 农产品直播间搭建

学院/系别：_____   专业：_____
姓　　名：_____   学号：_____

一、接受工作任务

艾特佳电商公司现在要为当地某农场的蓝莓进行直播带货，首先要搭建与之相适应的直播间，做好直播带货前的准备工作。现要求写出 3 种适合蓝莓直播间搭建的方案
1. 搭建蓝莓室外原产地实景直播间
2. 搭建蓝莓室内实景加工型直播间
3. 搭建蓝莓室内虚拟直播间

二、搜集能力清单

1. 直播间的类型

序号	类型	特点
1	现场加工型直播间	一些食品类、加工类等具有生活气息的直播间，可以让粉丝有机会近距离地观看产品加工过程，这种操作型直播间非常解压
2	原产地型直播间	场景真实，能极大地增加观众的信任感
3	工厂型直播间	给人的感觉是有实力、值得信任感、工厂直供、价格优惠，主播带货相对比较容易
4	门店型直播间	容易上手，涵盖类目广，此类型的直播间数量也是最多的

2. 直播间灯光的分类

序号	灯光类型	作用
1	主光	主导光源，它决定着画面的主调
2	顶光	次于主光的光源，从头顶位置照射，给背景和地面增加照明，同时加强瘦脸效果

（续）

序号	灯光类型	作用
3	辅助光	辅助主光的灯光，为了改善阴影面的层次与影调，在布光时均要加置
4	背景光	又称为环境光，主要作为背景照明，使直播间的各点照度都尽可能统一，起到让室内光线均匀的作用

3. 主播位置景别

序号	景别	作用
1	特写	集中表现主播的眼神、面部表情等面部特征
2	全景	能表现出主播的整体、主播与环境的关系、主播的动作
3	远景	取主播全身镜头，展现的空间很大
4	近景	展现主播面部表情或手势的具体细节
5	中景	适合表现主播的精神面貌

三、计划与实施

1. 请列举农产品室内实景直播间所需要的相关设备

序号	设备名称	作用	价格
1			
2			
3			
4			
5			
6			
7			

2. 熟悉直播间补光设备操作方法,完成灯光布置

序号	灯光设置	操作截图
1	主光	
2	顶光	
3	辅助光	
4	背景光	

3. 熟悉直播软件操作方法,并完成下列操作

序号	操作步骤	操作截图
1	软件下载	
2	添加素材	
3	无线投屏	
4	背景设置	
5	抠除绿幕	

4. 熟悉主播构图类型,并在直播间亲身体验

序号	构图名字	构图截图
1	坐播近景	
2	站播中景	
3	站播远景	

四、评价与反馈

请教师根据学生在此次任务中的表现进行评价

序号	评价标准	分值	得分
1	明确工作任务	5	
2	掌握工作任务知识与技能要点	15	
3	制订工作任务计划合理可行	10	
4	能够搭建出符合农产品特点的室内直播间	15	
4	能够搭建出符合农产品特点的室外直播间	15	
4	能够搭建出符合农产品特点的虚拟直播间	15	
4	主播能够找到最佳直播镜头	15	
5	完成工作任务符合要求	5	
6	工作任务汇报到位	5	
	合计(满分 100 分)		

任务工单五　直播间选品与组品

学院 / 系别：_____　　专业：_____

姓　　名：_____　　学号：_____

一、接受工作任务

春节是我国传统节日之一，作为老百姓最为重视的传统佳节，"备年货"已经成为不可或缺的节日消费习惯。年货品类丰富，以下表格中是一些常见的春节直播选品品类，艾特佳电商公司直播运营团队此次任务是为即将到来的春节主题直播销售活动进行选品，具体选品品类可以根据直播间的特点和用户需求等影响因素进行调整

年货品类	品类名称
年货食品	糖果、饼干、坚果、传统小吃、特色农产品礼盒、特色水果等
节日装饰	春联、窗花、灯笼、节日植物、氛围气球、摆件装饰等
家庭用品	清洁用品、厨房用品、家庭医疗用品等
酒水饮料	白酒、红酒、果酒、啤酒；果汁饮料、碳酸饮料等
数码电器	手机、电脑、电视、冰箱、洗衣机等
时尚配饰	围巾、帽子、手套、发饰等
家居家装	床上用品（四件套、羽绒被）、各式家具
国潮美妆	口红、唇膏、眉笔、眼影、粉饼、遮瑕膏等

二、搜集能力清单

1. 直播电商选品逻辑

直播电商选品依据	直播电商选品标准
直播形式	商品性价比高
直播主题	商品品相好

（续）

直播电商选品依据	直播电商选品标准
账号内容定位	商品质量好
直播间用户画像	商品持有品牌背书
市场数据分析	商品复购率高且与热度具有结合性

2. 直播电商选品渠道

（1）通过标签搜索相关选品

（2）通过蝉妈妈、飞瓜等数据平台搜索热门产品

3. 直播间组品

直播间组品品类	直播间组品方法
印象款	单一款式组品
引流款	垂直品类组品
福利款	多品类组品
利润款	品牌专场组品
主推款	平台专场组品

三、计划与实施

1. 制订计划

根据直播电商选品流程，制订选品工作计划

序号	工作流程	执行要点
1		
2		
计划审核	审核意见：	
	签字： 年 月 日	

2. 实施计划

（1）请根据直播活动实际条件与直播间特点进行选品归纳

选品思路	选品特点	选品项目
直播形式		
直播主题		
账号内容定位		
直播间用户画像		
市场数据分析		

（2）请为本次选品进行组品分类

选品结构定位	选品项目
印象款	
引流款	
福利款	
利润款	
主推款	

（3）请为本次直播活动选择组品方法

选品组品方法	选品项目
单一款式组品	
垂直品类组品	
多品类组品	
品牌专场组品	
平台专场组品	

四、评价与反馈

请教师根据学生在此次任务中的表现进行评价

序号	评价标准	分值	得分
1	明确工作任务	5	
2	掌握工作任务知识与技能要点	15	
3	制订工作任务计划合理可行	10	
4	根据直播选品思路,总结选品特点到位,选择产品项目合法合理	25	
4	对选品进行精准归类,选品结构定位准确	20	
4	能够根据直播间特点以及直播销售目标选择合适的直播组品方法	15	
5	完成工作任务符合要求	5	
6	工作任务汇报到位	5	
	合计(满分 100 分)		

任务工单六　直播脚本设计

学院/系别：_____　　专业：_____

姓　　　名：_____　　学号：_____

一、接受工作任务

"3.8女神节"即将到来，艾特佳电商公司直播运营团队准备筹划一期以"购国货彩妆，塑东方神韵——向独立女性致敬"为主题的直播营销活动。此次直播间商品来自A、B、C、D、E五大国产本土彩妆品牌，品类如下：

序号	商品名称	商品图片	市场价格（元）	直播间价格（元）
1	A 蜜粉饼		159	129
2	B 眼影盘		139	99
3	C 修容一体盘		69	49

（续）

序号	商品名称	商品图片	市场价格（元）	直播间价格（元）
4	D 三色腮红		199	159
5	E 唇釉		99	69

1. 请结合上述案例内容与所提供的商品品类，撰写单品脚本
2. 请结合直播主题，案例内容与商品品类，撰写整场直播脚本

二、搜集能力清单

1. 单品直播脚本设计要点

单品直播脚本设计要点（以锅具为例）

项目	商品宣传点	具体内容
品牌介绍	品牌理念	××品牌以向用户提供精致、创新、健康的产品为己任，该品牌主张愉悦、创意、真实的生活体验才能丰富人生，选择××品牌不只是选择一个产品，更是选择一种生活方式
商品卖点	用途多样	具有煮、涮、煎、烙、炒等多种烹饪功能
	产品具有设计感	①分体式设计，既可以当锅用，也可以当碗用 ②容量适当，一次可以烹饪一到两人的用量 ③锅体珐琅材质，时尚、安全、健康
直播利益点	"双十一"特惠提前享	今天在直播间内购买此款珐琅多功能锅享受"双十一"同价，下单备注"主播名称"即可
直播时的注意事项		引导用户分享直播间、点赞等 引导用户加入粉丝群

2. 整场直播脚本设计要点

直播脚本要点	具体说明
直播主题	从用户需求出发，明确直播的主题，避免直播内容没有营养
直播目标	明确开直播要实现何种目标，是积累用户、提升用户进店率，还是宣传新品等
主播介绍	介绍主播、助播的名称、身份等
直播时间	明确直播开始、结束的时间
注意事项	说明直播中需要注意的事项
人员安排	明确参与直播人员的职责，例如，主播负责引导关注、讲解商品、解释活动规则；助播负责互动、回复问题、发放优惠信息等；后台/客服负责修改商品价格、与粉丝沟通转化订单等
直播的流程细节	直播的流程细节要非常具体，详细说明开场预热、商品讲解、优惠信息、用户互动等各个环节的具体内容、如何操作等问题，例如，什么时间讲解第一款商品、具体讲解多长时间、什么时间抽奖等，尽可能把时间都规划好，并按照规划来执行

三、计划与实施

1. 制订计划

根据直播脚本设计流程，制订脚本撰写工作计划

序号	工作流程	执行要点
1		
2		
计划审核	审核意见： 签字： 年 月 日	

2. 实施计划

（1）单品直播脚本设计

项目	流程	提示问题	产品内容
单品直播内容设计	引出话题		
	找到痛点		
	引入卖点		
	建立信任		
	使用体验		
	促进下单		
	组合消费		
相关素材			
整体要求			

（2）整场直播脚本设计

直播活动内容		
直播主题	"购国货彩妆，塑东方神韵——向独立女性致敬"	
直播目标	留存目标：吸引10万观众观看 销售目标：从直播开始至直播结束，直播中推荐的五款商品销量突破10万件	
主播、助播	主播：××；助播：××	
直播时间	20××年××月××日，20:00～22:30	
注意事项	①合理把控商品讲解节奏 ②放大对商品功能的讲解 ③注意对用户提问的回复，多与用户进行互动，避免直播冷场	

直播活动流程				
时间段	流程安排	人员分工		
		主播	助播	后台/客服

四、评价与反馈

请教师根据学生在此次任务中的表现进行评价

序号	评价标准	分值	得分
1	明确工作任务	5	
2	掌握工作任务知识与技能要点	15	
3	制订工作任务计划合理可行	10	
4	能够根据案例背景撰写出单品脚本的内容框架	10	
4	能够完成五个单品脚本的撰写任务	20	
4	能够根据案例背景撰写出整场直播脚本的内容框架	10	
4	能够完成整场直播脚本的撰写任务,并且直播流程完整	20	
5	完成工作任务符合要求	5	
6	工作任务汇报到位	5	
合计(满分100分)			

任务工单七　直播商品讲解

学院 / 系别：_____　　　专业：_____

姓　　名：_____　　　学号：_____

一、接受工作任务

金秋十月，国庆佳节即将到来，艾特佳电商公司要筹划一场"国庆购物嘉年华，优惠多多带回家"的直播销售活动，商品包括双肩包、唇膏、牛奶等多品类。经过前期直播选品、直播脚本策划等工作，主播小凡已经基本熟悉了整个直播带货的流程。总监小冉嘱咐主播小凡，在进行商品讲解的时候，要正确运用商品讲解话术与技巧，只有掌握商品讲解的方法，提升与粉丝聊天的艺术，才能提升粉丝留存率，促进订单成交量的增加。主播小凡在进行本场直播的时候，需要对商品讲解话术进行进一步提升

二、搜集能力清单

1. 不同类目商品讲解要点与辅助展示方式

类目	讲解要点	展示方式
食品饮料	安全性、口感风味、营养价值、价格优势；强调口味、健康、安全	试吃
服饰鞋帽	设计亮点、风格款式、穿着场景、颜色面料；强调搭配与穿着效果	试穿
美妆日化	成分、颜色、容量、功效、使用方法；强调使用效果	试用
3C 数码	性能、功能、技术指标、检测结果、工艺；强调产品功能与技术指标	开箱测评
母婴玩具	质量、安全认证、使用年龄、功效用途；强调高质量和安全性	试用
家居日常	品牌背书、产品功能、技术参数、生活使用场景；强调性价比、实用性、安全性	功能演示

2. 话术技巧示例

话术技巧	话术场景	话术示例
营造画面感	构建商品使用场景	这款桃红色唇釉水润透亮，涂上它，似乎瞬间闻到了春天清香灵动的气息，粉粉嫩嫩，太让人心动了，没错，拥有它，人间水蜜桃就是你啦
营造稀缺感	引导用户下单	今天的直播间专享价格一年只有一次，最后100单，先到先得
承诺用户	增强用户信任感，提升用户黏性	这是我们家的必备洗碗神器，回购了多少次真是不记得了，家人们可以放心购买，亲自用过的才敢来推荐，而且，不喜欢可以无理由退换
计算使用成本	主推价格优势	这款蜜粉119元，每天使用也能用三个月，平均每天1.3元就能让你拥有好气色
制造惊喜福利	利用惊喜引导转化	我们先来截屏抽取今天的五位幸运用户，每位都能拿到直播间专属小礼物
设置价格锚点	与原价进行比较，突出直播间优惠	市场价199元，今天直播间159元，关注直播间成为粉丝再领优惠券，到手优惠价再立减10元

三、计划与实施

1. 制订计划

根据直播电商选品流程，制订选品工作计划

序号	工作流程	执行要点
1		
2		
计划审核	审核意见： 签字：　　　　　　　　年　　月　　日	

2. 实施计划

(1) 请根据商品所属类目进行商品讲解要点拆解

商品	讲解要点	展示方式
无线耳机		
唇釉		
双肩包		
牛奶		
婴儿湿巾		
太阳镜		
粗粮饼干		
跳绳		
保温水杯		
订书机		

(2) 请依据商品特点撰写讲解话术

商品	使用场景	话术示例
无线耳机		
唇釉		
双肩包		
牛奶		

（续）

商品	使用场景	话术示例
婴儿湿巾		
太阳镜		
粗粮饼干		
跳绳		
保温水杯		
订书机		

四、评价与反馈

请教师根据学生在此次任务中的表现进行评价

序号	评价标准	分值	得分
1	明确工作任务	5	
2	掌握工作任务知识与技能要点	15	
3	制订工作任务计划合理可行	10	
4	能根据商品所属类目，比较完整科学地撰写讲解要点，在讲解的时候能够添加亮点	20	
	能够通过描述商品的使用场景强调卖点与买点，刺激用户购买欲望	20	
	话术选取到位，表述合理，符合讲解逻辑，能够结合富有感染力的话术及时调节直播间直播氛围，提升用户留存率与订单转化率	20	
5	完成工作任务符合要求	5	
6	工作任务汇报到位	5	
	合计（满分100分）		

任务工单八 直播互动活动设计

学院 / 系别：_____　　专业：_____

姓　　名：_____　　学号：_____

一、接受工作任务

又是一年开学季，艾特佳电商公司与某文具品牌进行合作，计划筹备一场以学习用品与周边产品为主的专场直播。为保证直播效果，提升直播销售额，公司请来了达人主播，更有品牌方总经理加入助阵。运营总监小冉告诉主播小凡，在直播过程中必须要进行有趣、丰富多样的互动活动，才能有效提升直播间氛围，提高产品销售转化率。团队要在开播前，根据直播流程，设置至少四种不同的互动玩法活动，涵盖直播开场、直播中、直播结束三个阶段，每个互动活动时间以五分钟以内为宜

二、搜集能力清单

1. 常见直播间互动玩法类型

　　（1）点赞评论活跃直播间气氛

　　（2）巧妙派发红包提高直播间人气

　　（3）设置抽奖环节调动用户积极性

　　（4）限时折扣秒杀促进用户下单

2. 直播间互动玩法技巧

类型	说明	技巧
引导点赞、评论	直播间点赞、评论数量代表着主播的人气和直播间活跃度，点赞、评论数量越多，人气越高，能吸引更多用户进入直播间	点赞、评论数量达到某个数值时，可以发放各种方式的福利。直播过程中反复提醒用户，激发用户点赞、评论热情，活跃直播间氛围
派发红包	派发红包是有效的互动方式之一，包括现金红包和口令红包等形式	直播间人数比较少的时候，可以在粉丝群派发红包；人多的时候，可以直接在直播间派发

（续）

类型	说明	技巧
抽奖	包括签到抽奖、点赞抽奖、评论抽奖、秒杀抽奖和问答抽奖等	奖品可以是直播间在售商品，也可以是新品或者爆款商品，抽奖时间可以穿插在整个直播过程中，不能一次集中抽完
限时折扣	能够提升直播间销量，活跃直播间气氛	可以发布低价格的商品，与原价格进行比较，限时限价，激发用户购买意愿
达人助播	可以邀请比较有影响力的带货网红、达人进入直播间共同宣传	与粉丝加强互动，满足粉丝心愿，同时结合抽奖红包等互动方式
企业领导助播	能够提升人气，增加话题，帮助直播背书	在直播间代售商品的优惠力度上多做设计，也可以主推直播间爆款商品

三、计划与实施

1. 制订计划

根据直播电商选品流程，制订选品工作计划

序号	工作流程	执行要点		
1				
2				
计划审核	审核意见：			
		签字：	年 月 日	

2. 实施计划

（1）根据本次任务背景，主播小冉要将个人主播特征以及优势进行调整，以更好地适应互动设计中品牌方总经理的加入

（2）根据任务要求，在直播开场、直播中、直播结束三个阶段，至少设置一个互动活动，其中一个互动要结合品牌方总经理入驻直播间，即需要考虑品牌方身份以及个人性格特点和优势，设计互动玩法

（3）任务流程具体安排

项目	直播开场	直播中	直播结束
互动形式			
互动内容			
互动时长			
互动时间			
互动奖品			

四、评价与反馈

请教师根据学生在此次任务中的表现进行评价

序号	评价标准	分值	得分
1	明确工作任务	5	
2	掌握工作任务知识与技能要点	15	
3	制订工作任务计划合理可行	10	
4	能够根据直播整体思路，依据本场任务直播商品特点，合理设计互动内容	25	
	能够根据本场直播特色，合理运用互动玩法类型，有效提升直播间氛围与粉丝活跃度	20	
	互动时间段与互动时长设计合理，互动形式设计符合直播时段特点	15	
5	完成工作任务符合要求	5	
6	工作任务汇报到位	5	
合计（满分100分）			

任务工单九 直播引流

学院/系别：_____　　专业：_____

姓　　名：_____　　学号：_____

一、接受工作任务

"618年中大促"马上就要到了，艾特佳商贸公司的直播团队准备在"618"期间冲刺食品行业销量纪录，流量至关重要，请根据直播间属性和售卖商品品类属性，确定本次直播主题，制订引流计划，并根据计划完成一场直播引流。注意在直播的不同阶段和时间节点选择恰当的引流方式，并在直播后分析本场直播引流的效果

二、搜集能力清单

不同直播阶段引流方式

直播阶段	引流方式
直播前	直播平台私域场景引流（粉丝群引流）、短视频引流和多社交平台引流等
直播中	派发红包或福袋、发放商品优惠券等
直播后	做好粉丝维护和将直播视频剪辑成精彩短视频进行二次传播等

必要时可以通过巨量千川、小店随心推、DOU+上热门等付费推广的方式进行直播间引流

三、计划与实施

1. 制订计划

根据直播引流流程，制订引流工作计划

序号	工作流程	执行要点
1		

（续）

序号	工作流程	执行要点
2		
计划审核	审核意见：	
		签字：　　　　　年　月　日

2. 实施计划

（1）请根据直播主题与直播间特点进行引流方式选择

直播主题		
直播目标		
用户画像		
引流方式选择	直播前	
	直播中	
	直播后	

（2）请根据直播实施节奏填写不同时间节点的实际引流方式，并分析其引流效果

时间节点	具体时间	引流方式	效果分析
直播前	距直播×天		
	距直播×小时		
直播中	开播后10分钟		
	开播后10～30分钟		
	开播后30～60分钟		
	开播后60～120分钟		
	开播后120～150分钟		

（续）

时间节点	具体时间	引流方式	效果分析
直播中	开播后 150～170 分钟		
	开播后 170～180 分钟		
直播后	直播后 × 小时		
	直播后 × 天		

四、评价与反馈

请教师根据学生在此次任务中的表现进行评价

序号	评价标准	分值	得分
1	明确工作任务	5	
2	掌握工作任务知识与技能要点	15	
3	制订工作任务计划合理可行	10	
4	能够选择多样化的引流方式	20	
	能够根据直播节奏灵活选择适配度高的引流方式	25	
	能够分析各种直播引流方式的效果	15	
5	完成工作任务符合要求	5	
6	工作任务汇报到位	5	
合计（满分 100 分）			

任务工单十　直播二次传播

学院/系别：_____　　专业：_____

姓　　名：_____　　学号：_____

一、接受工作任务

> 艾特佳电商公司总监小冉在"双十一"大促当日惊喜闪现食品类目头部主播琪琪直播间，并送出 100 个大福袋。当日直播间销售额突破 160 万元，累计观看超 60 万人次，商品售罄率超过 80%，很多商品上架半小时内即售罄，创下了近半年的新高。首先，请以"总监空降"为亮点，剪辑一段 30 秒的短视频，并选择两个分发平台，完成短视频推广分发；其次，请设计战绩海报完成平台分发；最后，请结合直播间粉丝互动情况，在主播粉丝群发布有价值的信息，促进二次传播和销售转化

二、搜集能力清单

直播结束后，通过短视频的形式将直播中的精彩画面推广出去，通过战绩海报的形式将带货表现和直播效果推广出去，针对直播热点和兴奋点与粉丝持续交流互动，都是直播二次传播的有效方式

传播方式	说明
短视频制作推广	在直播后，商家还可以将直播视频剪辑成有趣画面汇总、干货总结等，并发布到流量大的自媒体平台，让每一个有兴趣的用户都能产生关注甚至分享，从而引来更多的流量
战绩海报制作分发	战绩海报中可以突出主播形象、直播主题、销售数据和累计观看人次等信息，可以以图文的形式直观清晰地宣传主播的带货表现和直播效果
粉丝群互动	直播团队要想长期做好直播营销，一定要搭建粉丝群。直播结束后，直播团队可以在粉丝群里定期举办一些活动或者发放红包或小礼品，加强与粉丝之间的联系；此外，直播前直播团队可以在粉丝群里发送通知，为下次直播引流，让直播在一开始就能达到一个比较好的人气基础；在直播后，可以针对直播热点和兴奋点与粉丝持续交流互动，促进后续转化

三、计划与实施

1. 制订计划

根据直播引流流程，制订引流工作计划

序号	工作流程	执行要点
1		
2		
计划审核	审核意见： 签字：　　　　　　年　月　日	

2. 实施计划

请结合主播人设完成短视频制作推广、战绩海报制作分发以及粉丝群互动三项工作任务，并分析二次传播效果

工作任务	任务拆解	推广渠道	效果分析
短视频制作推广	以"总监空降直播间，带来神秘惊喜"为主题设计短视频文案，并选取30秒精彩片段剪辑成短视频		
	选择两个分发平台完成推广分发，并结合平台调性设计恰当的推广文案		
战绩海报制作分发	战绩海报中突出主播形象、直播主题、销售数据和累计观看人次等信息，要求战报数据直观清晰		
	选择分发平台完成推广分发，并结合平台调性设计恰当的推广文案		
粉丝群互动	在主播的新粉群里发布欢迎语，根据互动数据，选出用户需求最多的两个商品，推送商品链接，并发送促转化话术	新粉群	
	在主播的铁粉群发布战绩海报和感谢语，并就评论最高的关键词和粉丝互动	铁粉群	

四、评价与反馈

请教师根据学生在此次任务中的表现进行评价

序号	评价标准	分值	得分
1	明确工作任务	5	
2	掌握工作任务知识与技能要点	15	
3	制订工作任务计划合理可行	10	
4	能够制作符合要求的精彩片段视频	20	
4	能够制作直观、清晰、美观的战绩海报	15	
4	能够根据主播人设选择适配度高的推广分发渠道	15	
4	能够完成粉丝群互动转化	10	
5	完成工作任务符合要求	5	
6	工作任务汇报到位	5	
	合计（满分 100 分）		

任务工单十一　直播数据分析及复盘

学院 / 系别：_____　　专业：_____

姓　　名：_____　　学号：_____

一、接受工作任务

在"618"期间，艾特佳电商公司直播团队合作完成了多场直播，获得了非常好的战绩。现在大促结束了，到了复盘、总结和收获的阶段。请选择一场你认为非常有复盘价值的直播，从账号后台获取本场直播数据，从流量指标、互动指标和转化指标三个方面对直播效果进行评估分析，并结合直播经验复盘本场直播。

二、搜集能力清单

1. 直播间数据分析常用指标

在直播复盘时，可以通过直播团队成员的经验和客观的数据分析发现问题。对于流量指标、互动指标和转化指标存在的问题，需要采取相应的策略进行改进。

指标分类	具体指标
流量指标	主要是指直播间人气数据，如在线人数、进场人数等
互动指标	主要是指直播间的用户互动行为数据，如新用户互动率、老用户互动率、人均观看时长、弹幕热词、直播间新增粉丝数、增粉率、评论数等
转化指标	主要是指引导成交数量，如曝光-观看率、观看-商品曝光率、商品曝光-点击率、商品点击-成交转化率等

2. 直播问题及改进策略

指标分类	主要问题	改进策略
流量指标	在线人数少	利益引导，如抽奖、发券、发红包等，需要注意活动的安排节奏和话术
	在线人数不稳定	需提高老用户比例，可以通过固定开播时间、强化直播预告、粉丝群运营等方式稳定在线人数

（续）

指标分类	主要问题	改进策略
互动指标	新用户互动率低	可以引导直播间的新用户积极参与互动，不断强调说明直播间的互动玩法等
	老用户互动率低	可以收集老用户的反馈信息，并给予老用户福利奖励，引导老用户参与互动
转化指标	成交率低	可以根据用户画像调整选品策略；进行差异化定价；在活动策划上加强互动性等

三、计划与实施

1. 制订计划

根据直播复盘流程，制订复盘工作计划

序号	工作流程	执行要点
1		
2		
计划审核	审核意见： 签字：　　　　　　年　月　日	

2. 实施计划

根据复盘情况，填写完成直播复盘表

直播复盘表

数据概览	账号		开播日期		交易额	
	总浏览量		平均停留时长		转粉率	
直播内容质量问题分析						
直播吸引力指标	数据		问题记录		复盘结论及改进策略	
最高在线人数						
平均停留时长						

（续）

直播内容质量问题分析			
直播吸引力指标	数据	问题记录	复盘结论及改进策略
新增粉丝量			
增粉率			
评论人数			
互动率			

直播销售效率分析			
销售效率指标	数据	问题记录	复盘结论及改进策略
订单转化率			
客单价			
UV 价值			

四、评价与反馈

请教师根据学生在此次任务中的表现进行评价

序号	评价标准	分值	得分
1	明确工作任务	5	
2	掌握工作任务知识与技能要点	15	
3	制订工作任务计划合理可行	10	
4	本次直播数据效果良好	15	
4	直播数据解读有说服力	20	
4	直播复盘及改进方案具有可行性	25	
5	完成工作任务符合要求	5	
6	工作任务汇报到位	5	
	合计（满分 100 分）		

任务工单十二　年货产品直播带货

学院/系别：_____　　专业：_____

姓　　名：_____　　学号：_____

一、接受工作任务

> 艾特佳电商公司决定在农历十一月二十日开展一场年货直播带货活动，带货产品为"香菇""木耳""扇贝""虾米""紫菜"。直播团队围绕带货活动订立直播目标、进行货物组品、撰写脚本、安排直播流程，做好直播间引流等一系列工作，最后进行直播复盘，为下次直播积累经验

二、搜集能力清单

1. 直播电商选品逻辑

直播电商选品依据	直播电商选品标准
直播形式	商品性价比高
直播主题	商品品相好
账号内容定位	商品质量好
直播间用户画像	商品持有品牌背书
市场数据分析	商品复购率高且与热度有结合性

2. 直播电商选品渠道

　　（1）通过标签搜索相关选品

　　（2）通过蝉妈妈、飞瓜等数据平台搜索热门产品

3. 直播间组品

直播间组品品类	直播间组品方法
印象款	单一款式组品
引流款	垂直品类组品
福利款	多品类组品
利润款	品牌专场组品
主推款	平台专场组品

4. 整场直播脚本设计要点

直播脚本要点	具体说明
直播主题	从用户需求出发，明确直播的主题，避免直播内容没有营养
直播目标	明确开直播要实现何种目标，是积累用户、提升用户进店率，还是宣传新品等
主播介绍	介绍主播、助播的名称、身份等
直播时间	明确直播开始、结束的时间
注意事项	说明直播中需要注意的事项
人员安排	明确参与直播人员的职责，例如，主播负责引导关注、讲解商品、解释活动规则；助理负责互动、回复问题、发放优惠信息等；后台/客服负责修改商品价格、与粉丝沟通转化订单等
直播的流程细节	直播的流程细节要非常具体，详细说明开场预热、商品讲解、优惠信息、用户互动等各个环节的具体内容、如何操作等问题，例如，什么时间讲解第一款商品、具体讲解多长时间、什么时间抽奖等，尽可能把时间都规划好，并按照规划来执行

5. 不同直播阶段引流方式

直播阶段	引流方式
直播前	直播平台私域场景引流（粉丝群引流）、短视频引流和多社交平台引流等
直播中	派发红包或福袋、发放商品优惠券等
直播后	做好粉丝维护和将直播视频剪辑成精彩短视频进行二次传播等

6. 直播间数据分析常用指标

指标分类	具体指标
流量指标	主要是指直播间人气数据，如在线人数、进场人数等
互动指标	主要是指直播间的用户互动行为数据，如新用户互动率、老用户互动率、人均观看时长、弹幕热词、直播间新增粉丝数、增粉率、评论数等
转化指标	主要是指引导成交数量，如曝光 - 观看率、观看 - 商品曝光率、商品曝光 - 点击率、商品点击 - 成交转化率等

三、计划与实施

1. 制订计划

根据直播电商选品流程，制订选品工作计划

序号	工作流程	执行要点
1		
2		
3		
4		
5		
6		
7		
计划审核	审核意见： 签字： 年 月 日	

2. 实施计划

（1）请根据本次直播活动的要求，填写以下表格

选品思路	选品特点	选品项目
直播形式		
直播主题		

（续）

选品思路	选品特点	选品项目
账号内容定位		
直播间用户画像		
市场数据分析		

（2）请为本次直播活动选品进行分类

选品结构定位	选品项目
印象款	
引流款	
福利款	
利润款	
主推款	

（3）单品脚本设计

项目	流程	提示问题	产品内容
单品直播内容设计	引出话题		
	找到痛点		
	引入卖点		
	建立信任		
	使用体验		
	促进下单		
	组合消费		
相关素材			
整体要求			

（4）整场直播脚本设计

直播活动内容				
直播主题				
直播目标				
主播、助播				
直播时间				
注意事项				
直播活动流程				
时间段	流程安排	人员分工		
^	^	主播	助播	后台/客服

(5)请根据直播主题与直播间特点进行引流方式选择

直播主题		
直播目标		
用户画像		
引流方式选择	直播前	
	直播中	
	直播后	

(6)请根据直播实施节奏填写不同时间节点的实际引流方式,并分析其引流效果

时间节点	具体时间	引流方式	效果分析
直播前	距直播×天		
	距直播×小时		
直播中	开播后10分钟		
	开播后10~30分钟		
	开播后30~60分钟		
	开播后60~120分钟		
	开播后120~150分钟		
	开播后150~170分钟		
	开播后170~180分钟		
直播后	直播后×小时		
	直播后×天		

(7)根据复盘情况,填写直播复盘表

直播复盘表

数据概览	账号		开播日期		交易额	
	总浏览量		平均停留时长		转粉率	

（续）

直播内容质量问题分析			
直播吸引力指标	数据	问题记录	复盘结论及改进策略
最高在线人数			
平均停留时长			
新增粉丝量			
增粉率			
评论人数			
互动率			
直播销售效率分析			
销售效率指标	数据	问题记录	复盘结论及改进策略
订单转化率			
客单价			
UV 价值			

四、评价与反馈

请教师根据学生在此次任务中的表现进行评价

序号	评价标准	分值	得分
1	明确工作任务	5	
2	掌握工作任务知识与技能要点	15	
3	制订工作任务计划合理可行	10	
4	直播选品得当	15	
	直播节奏合理	20	
	引流方式多样化	20	
	直播复盘及改进方案具有可行性	5	
5	完成工作任务符合要求	5	
6	工作任务汇报到位	5	
合计（满分 100 分）			

任务工单十三 数码产品直播带货

学院/系别：_____   专业：_____

姓　　名：_____   学号：_____

一、接受工作任务

> 直播平台将在 8 月 18 日举办大型促销活动，艾特佳电商公司为配合平台的"数码潮电节"活动，计划开展一场数码产品的直播带货活动，活动时间为 8 月 18 日 20:00—22:30，带货产品为"无线耳机""充电宝""手机云台稳定器""华为手机""家用摄像头"。直播团队围绕带货活动订立直播目标、货品组品、脚本撰写、直播流程安排，做好直播间引流等一系列工作，最后进行直播复盘，为下次直播积累经验。

二、搜集能力清单

1. 直播电商选品逻辑

直播电商选品依据	直播电商选品标准
直播形式	商品性价比
直播主题	商品品相好
账号内容定位	商品质量好
直播间用户画像	商品持有品牌背书
市场数据分析	商品复购率高且与热度有结合性

2. 直播电商选品渠道

　　（1）通过标签搜索相关选品

　　（2）通过蝉妈妈、飞瓜等数据平台搜索热门产品

3. 直播间组品

直播间组品品类	直播间组品方法
印象款	单一款式组品
引流款	垂直品类组品
福利款	多品类组品
利润款	品牌专场组品
主推款	平台专场组品

4. 整场直播脚本设计要点

直播脚本要点	具体说明
直播主题	从用户需求出发，明确直播的主题，避免直播内容没有营养
直播目标	明确开直播要实现何种目标，是积累用户、提升用户进店率，还是宣传新品等
主播介绍	介绍主播、助播的名称、身份等
直播时间	明确直播开始、结束的时间
注意事项	说明直播中需要注意的事项
人员安排	明确参与直播人员的职责，例如，主播负责引导关注、讲解商品、解释活动规则；助理负责互动、回复问题、发放优惠信息等；后台/客服负责修改商品价格、与粉丝沟通转化订单等
直播的流程细节	直播的流程细节要非常具体，详细说明开场预热、商品讲解、优惠信息、用户互动等各个环节的具体内容、如何操作等问题，例如，什么时间讲解第一款商品、具体讲解多长时间、什么时间抽奖等，尽可能把时间都规划好，并按照规划来执行

5. 不同直播阶段引流方式

直播阶段	引流方式
直播前	直播平台私域场景引流（粉丝群引流）、短视频引流和多社交平台引流等
直播中	派发红包或福袋、发放商品优惠券等
直播后	做好粉丝维护和将直播视频剪辑成精彩短视频进行二次传播等

6. 直播间数据分析常用指标

指标分类	具体指标
流量指标	主要是指直播间人气数据，如在线人数、进场人数等
互动指标	主要是指直播间的用户互动行为数据，如新用户互动率、老用户互动率、人均观看时长、弹幕热词、直播间新增粉丝数、增粉率、评论数等
转化指标	主要是指引导成交数量，如曝光 - 观看率、观看 - 商品曝光率、商品曝光 - 点击率、商品点击 - 成交转化率等

三、计划与实施

1. 制订计划

根据直播电商选品流程，制订选品工作计划

序号	工作流程	执行要点
1		
2		
3		
4		
5		
6		
7		
计划审核	审核意见： 签字：　　　　　　　　　年　　月　　日	

2. 实施计划

（1）请根据本次直播活动的要求，填写以下表格

选品思路	选品特点	选品项目
直播形式		
直播主题		
账号内容定位		

（续）

选品思路	选品特点	选品项目
直播间用户画像		
市场数据分析		

（2）请为本次直播活动选品进行分类

选品结构定位	选品项目
印象款	
引流款	
福利款	
利润款	
主推款	

（3）单品脚本设计

项目	流程	提示问题	产品内容
单品直播内容设计	引出话题		
	找到痛点		
	引入卖点		
	建立信任		
	使用体验		
	促进下单		
	组合消费		
相关素材			
整体要求			

(4) 整场直播脚本设计

直播活动内容	
直播主题	
直播目标	
主播、助播	
直播时间	
注意事项	

直播活动流程				
时间段	流程安排	人员分工		
		主播	助播	后台/客服

（5）请根据直播主题与直播间特点进行引流方式选择

直播主题		
直播目标		
用户画像		
引流方式选择	直播前	
	直播中	
	直播后	

（6）请根据直播实施节奏填写不同时间节点的实际引流方式，并分析其引流效果

时间节点	具体时间	引流方式	效果分析
直播前	距直播×天		
	距直播×小时		
直播中	开播后10分钟		
	开播后10～30分钟		
	开播后30～60分钟		
	开播后60～120分钟		
	开播后120～150分钟		
直播后	直播后×小时		
	直播后×天		

（7）根据复盘情况，填写直播复盘表

直播复盘表

数据概览	账号		开播日期		交易额	
	总浏览量		平均停留时长		转粉率	

（续）

直播内容质量问题分析			
直播吸引力指标	数据	问题记录	复盘结论及改进策略
最高在线人数			
平均停留时长			
新增粉丝量			
增粉率			
评论人数			
互动率			

直播销售效率分析			
销售效率指标	数据	问题记录	复盘结论及改进策略
订单转化率			
客单价			
UV 价值			

四、评价与反馈

请教师根据学生在此次任务中的表现进行评价

序号	评价标准	分值	得分
1	明确工作任务	5	
2	掌握工作任务知识与技能要点	15	
3	制订工作任务计划合理可行	10	
4	直播选品得当	15	
	直播节奏合理	20	
	引流方式多样化	20	
	直播复盘及改进方案具有可行性	5	
5	完成工作任务符合要求	5	
6	工作任务汇报到位	5	
	合计（满分 100 分）		

(续)

危险因素	危害	防范措施	应急处置及救援措施
有毒有害物质			
高温作业人员			
长时间用术			
静电的产生			
搬运			
作业人员			
压缩气			
现场技术培训	影响	预想记本	危险源及其应急预案
日常生产			
检修			
UV 油墨			

四、考核与激励

请按职相关学生在生产任务中的表现进行打分

1. 响应召集速		5
2. 熟练工作任务动员,任务要求		15
3. 部门工作任务正确合理安排		10
4. 直接危险品预告		15
5. 直通危险源		10
6. 应急为突发事故		20
自描度及应急指挥其有效行动		
5. 完成工作任务合理准确		5
6. 工作结束后复原		5
合计(满分100分)		